Waltraud-Maria Hulke

DAS FARBEN ENERGIEBUCH

Farbtherapie - die Heilmethode der Zukunft

Heilschwingungen der Farben, Farb-Meridiane,
numerologische Farbfindung, Farböle, Farbdüfte,
Energieausgleich mit Farben u.v.m.

WINDPFERD
Verlagsgesellschaft mbH.

Es ist natürlich selbstverständlich, daß bei ernsthaften Erkrankungen ärztliche Hilfe unumgänglich ist, und daß in einem solchen Fall eine Selbstbehandlung sogar lebensgefährlich sein kann.

Was hier gesagt und geraten wird, soll also keinesfalls den Arzt oder Heilpraktiker ersetzen, sondern es will vielmehr das Allgemeinwissen und den Wert natürlicher Heilkräfte erweitern, damit man sich bei Bedarf mit einfachen, natürlichen Mitteln selbst helfen kann.

Die Autorin und der Verlag können jedoch keine Haftung für Folgen aus dem richtigen oder unrichtigen Gebrauch der hier dargestellten Methoden und Rezepte übernehmen.

1. Auflage 1992
2. Auflage 1993
3. Auflage 1996
© by Windpferd Verlagsgesellschaft mbH, Aitrang
Alle Rechte vorbehalten
Umschlaggestaltung: Wolfgang Jünemann, unter
Verwendung eines Farbentwurfs von Waltraud-Maria Hulke
Zeichnungen im Innenteil: Meridianzeichnungen: Peter Ehrhardt;
Akupunkturzeichnungen: nach Vorlage von Waltraud-Maria Hulke
Gesamtherstellung: Schneelöwe, D-87648 Aitrang
ISBN 3-89385-095-3

Printed in Germany

ES WERDE LICHT
Licht wird durch nichts verletzt.
Es heilt alles.

Inhaltsverzeichnis

Vorwort

Beflügelt durch das Echo, das mein "Farben-Heilbuch" ausgelöst hat, gab es für mich gar keine andere Wahl, als den einmal eingeschlagenen Weg weiterzugehen und die Suche nach den wunderbaren Kräften der Farben fortzuführen.

Ich selbst habe durch die bewußte Einbeziehung der Farben in mein Leben eine solche Bereicherung erfahren können, daß es mir ein echtes Bedürfnis ist, diese Erkenntnisse weiterzugeben, welche mir nicht nur durch umfangreiche Studien, sondern auch durch eine deutlich erkennbare, intuitive Führung zuteil geworden sind. Es wäre mir eine Freude, damit ein Licht entzünden zu können, das vielen, die auf der Suche sind, ihren Weg erleichtern möge, indem es Freude, Zuversicht und neue Kräfte vermittelt.

Ich kann Ihnen, meine lieben Leser, kaum beschreiben, welche Freude es bedeutet, sich mit den Farben bewußt zu verbinden und dabei von ihren Schwingungen zu profitieren - sei es nun in Form von farbigem Licht, Farbdüften, Edelsteinen in ihrer Farbvielfalt oder sonstiger farbiger Dinge, die den Blick auf sich ziehen und mit denen man sich mit dem Wissen umgibt, von ihnen ganz spezielle Kräfte übermittelt zu bekommen.

Es entwickelt sich dann in einem immer mehr das wunderbare Gefühl des Umsorgt-Seins, und man spürt zunehmend die Unterstützung und die Hilfe, die aus den Farben herüberfließt und die Kraft und Zuversicht vermittelt, in einem mitunter recht mühsamen Alltag mit seinen vielen Herausforderungen.

Dann tut es gut, "hilfreiche Freunde" um sich zu wissen, die einen mit ihren Energien versorgen und damit Körper, Seele und Geist erfüllen, was für ein Dasein von großem Wert ist, weil es eine enorme Bereicherung bedeutet.

Das Leben verliert dadurch an Schwere und gewinnt an Licht, das den Geist durchflutet und mit guten Ideen und Eingebungen erleuchtet, die Seele beschwingt und leicht macht und dem Körper damit Gesundheit und Wohlbefinden schenkt.

"Farben sind die Arznei aus der Himmelsapotheke" - so drückte ein Poet seine Begeisterung für die Farben aus - und ich möchte mich dieser Aussage voll und ganz anschließen und Ihnen versichern, daß ein ganz reeller Sinn dahintersteckt, denn ich habe erfahren, was die Heilenergie der Farben auszulösen vermag und welchen gewaltigen Wert und tiefgreifende Bedeutung sie für das gesamte organische Leben auf unserer Erde hat.

Wenn Sie sich nun ganz bewußt den Farben zuwenden und ihr Wesen sowie ihre Heileigenschaften genauer betrachten, dann werden Sie im Lauf der Zeit merken, daß sich eine innere Vertrautheit mit ihnen eingestellt hat und daß daraus eine tiefe Verbundenheit entsteht, die schließlich immer mehr zu einer liebevollen Beziehung heranreift.

Ich wünsche Ihnen von ganzem Herzen, daß es Ihnen dann eines Tages auch so ergehen möge wie mir - nämlich, daß die Farben Ihre ganz große Liebe geworden sind, Freunde - die Sie hilfreich an die Hand genommen haben und die Sie nie mehr missen möchten.

Waltraud-Maria Hulke
10. Januar 1992

Die Bedeutung der Farben
für unser Leben

Farben lösen in uns sehr tiefgreifende Wirkungen aus, denn sie "färben" die Gedanken und das Gemüt, was zu bestimmten psychischen und biologischen Vorgängen im Organismus führt.

Ihr Einfluß ist direkt und unmittelbar und erstreckt sich auf Körper, Geist und Seele gleichermaßen.

Jede der 7 Regenbogenfarben hat ihren eigenen Charakter, ihre ganz spezielle Wirkung, verkörpert einen ganz bestimmten Lebensaspekt, spricht eine eigene Sprache und untersteht einem eigenen Gesetz.

Es sind subtile, energiereiche Schwingungen, die durch unseren Organismus und durch unser feinstoffliches Energiesystem hindurchströmen und damit auch unseren Geist und unsere Seele berühren.

Die Farben sind die "Kinder des weißen Lichts".

Gleichberechtigt stehen sie alle 7 nebeneinander und weisen uns den direkten Weg zum Licht - zur Vollkommenheit, zur Vollendung. Wenn wir uns körperlich und seelisch mit ihnen vereinen, dann sind sie für uns natürliche Heilkräfte, die ein Bindeglied zwischen fein- und grobstofflicher Ebene bilden.

Wie das "weiße Licht" das Symbol des Höchsten Geistes ist, so sind die Farben Ausdruck und Verkörperung des Lebens.

Sie spiegeln den Entwicklungsgrad der menschlichen Seele wider und verdeutlichen die Stufen, die sie mühsam hinaufsteigt, um sich aus den niederen Schwingungen zu erheben und lichten Höhen entgegenzuschreiten. Aber auch die Farben unterliegen dem Gesetz der Polarität und weisen daher positive und negative Charakterzüge auf, was eine ständige Konfrontation zwischen den Kräften des Lichts und der Finsternis bedeutet, weshalb Goethe sagte: "Farben sind Taten des Lichts - Taten und Leiden."

Sie entstehen dort, wo sich das weiße Licht bricht und aufspaltet, und verdichten sich dann zu schwingenden, gestaltenden Kräften, die für unser Dasein von unvorstellbarem Wert sind. "Gott wird Welt im Farbig-Bunten", sagte Hesse und drückt mit diesen wenigen Worten sehr deutlich aus, wie überragend die Bedeutung der 7 großen Farbstrahlen für uns ist, denn sie tragen die kosmische Lebenskraft in sich, die für unser Leben unerläßlich ist.

"Meinen Bogen setze ich ins Gewölk, als Pfand meines Bundes mit der Erde." (Gen. 9, 13)

Farbschwingungen haben also sowohl auf körperlicher als auch auf geistiger Ebene für unser Dasein eine ganz große Bedeutung. Sie beeinflussen mit ihren Energien unser körperliches Wohlbefinden, und sie sind entscheidend für das geistig-seelische Gleichgewicht.

Körper und Seele können mit einem Prisma verglichen werden, durch welches das klare, weiße Licht des Geistes reflektiert wird, um sich schließlich in die verschiedenen Farben des Regenbogens zu verwandeln.

Unser feinstoffliches Energiefeld, die Aura, hüllt uns in einen Farbmantel, der sich mit dem Wandel unserer Gedanken und Gefühle stets verändert.

Wenn diese liebevoll, freundlich und harmonisch sind, dann umhüllen uns schöne, sanfte, leuchtende Farben, die bewirken, daß wir uns wohl fühlen, glücklich und zufrieden sind und eine positive Ausstrahlung auf andere haben.

Sobald aber negative Emotionen, Zorn, Angst oder Depressionen aufkommen, verändern sich auch die Farben der Aura und schlagen in trübe, dunkle Töne um.

Die Folge davon ist, daß man sich dementsprechend niedergeschlagen fühlt und daß die Abwehrkräfte einen Schwächeanfall erleiden, was die Anfälligkeit für körperliche und seelische Unpäßlichkeit sprunghaft ansteigen läßt.

Mit Hilfe der Farbenergie kann man die Strahlkraft seiner Aura sehr wirkungsvoll verbessern und mit leuchtenden Farben auffüllen, denn dadurch erhält das gesamte Energiesystem kraftvolle Impulse, um zu regenerieren und neue Selbstheilungskräfte zu entfalten. Unsere gesamten Lebensumstände, unsere Empfindungen und unser körperliches Wohlbefinden können also durch die kosmischen Energien der Farbstrahlen sehr beachtlich unterstützt und gefördert werden. Sie sind nämlich feine, hochwirksame Resonanzkräfte, die uns ständig durchfluten und uns auf diese Weise zu einem Mitschwingen veranlassen.

Es liegt nun an uns selbst, dieses Mitschwingen zu fördern und zu begünstigen, um unsere Gefühle und Stimmungen, unser Leistungsvermögen und unseren Gesundheitszustand positiv mitzugestalten - und das ist der Punkt, in dem wir Menschen uns voneinander unterscheiden - nämlich in der Fähigkeit des Mitschwingen-Könnens. Um das Schwingungsverhalten der Zellen und der Atome im feinstofflichen Energiesystem ausgewogen fließend zu gestalten, sind die Farben geradezu prädestiniert.

Durch Farblicht, Farbmeditation, Visualisierung von Farben, aber auch durch die vielen, hier enthaltenen Anregungen kann man sich sehr wirkungsvoll helfen und die geistigen Kräfte der Farbschwingungen in sich aufnehmen.

Wenn man sich bewußt mit den Farben verbindet, wird man ganz allmählich fühlen, wie sich im Inneren zunehmend Ruhe und Frieden ausbreiten und wie die Sorgen und Probleme des Alltags immer mehr an Gewicht verlieren und verblassen.

Damit wird der Geist frei, um neue, energiereiche Impulse aufnehmen zu können, die Lebenskraft kehrt zurück, und man kann sich sehr schnell wieder aufrichten und gewinnt neuen Mut.

Es ist dann so, als ob eine klare, helle Flamme im Zentrum der trüben Dunkelheit tief innen zu strahlen und zu leuchten beginnt. Die Aura erfüllt sich nun erneut mit schönen, leuchtenden Farben, und schon erscheint alles bereits in einem ganz anderen Licht. Kummer und Depressionen lösen sich auf und verschwinden schließlich ganz.

Die Schwingungsharmonie ist wieder hergestellt.

Ausführliche Anregungen zur inneren Harmonisierung mit Farben finden Sie in meinem "Farben-Heilbuch".

Die Heilkraft der Farben

Jegliche Form von Leben hängt unmittelbar von der Existenz des Lichts der Energien der Farben ab.

Das Licht und die Farben sind demnach Übermittler energetischer Informationen.

Treffen die Farbenenergien auf den menschlichen Organismus, so nimmt das Auge 20 Prozent der Farbschwingungen auf, wobei sich die pigmentbildenden Epithelzellen des Auges teilen und vermehren.

Die Farbstrahlung löst im Auge einen Farbreiz aus, welcher blitzschnell zum Gehirn weitergeleitet wird, um dort eine Farbempfindung hervorzurufen.

Die restlichen 80 Prozent der Farbschwingungen treffen auf die Rezeptoren der Haut, die das Licht und die darin enthaltenen Schwingungsanteile der jeweiligen Farben genau erkennen.

Auch dieser Reiz pflanzt sich nun über die atomare Struktur durch Photonen und Elektronen direkt und ebenfalls blitzschnell zu einem Teil des Zwischenhirns - dem Hypothalamus - fort, um dort Reaktionen auszulösen, welche hormonelle Vorgänge nach sich ziehen.

Die nervale Aufnahme der Farbenenergie unterstützt den Organismus dabei, spezifische Antikörper zu erzeugen, die eine natürliche Abwehrkraft bilden.

Aber nicht nur von den Augen und der Haut werden die Farbenergien von unserem Körper aufgenommen, sondern auch über den Magen-Darm-Trakt, weshalb eine möglichst bunte Mischung naturbelassener, frischer Nahrung von großer Wichtigkeit für unsere Gesundheit und unser Wohlbefinden ist.

Ausschließlich weiße Nahrung führte nach wenigen Tagen zu einem Magen-Darm-Katarrh, wie ein Farbforscher und Arzt in einem Selbstversuch feststellen konnte.

Nachdem er dann wieder farbige Kost zu sich nahm, waren seine Beschwerden nach 3 Tagen überwunden, ohne daß irgendwelche Medikamente notwendig gewesen wären!

Die chemische Aufnahme der Farbenergie war ausreichend gewesen, um dem Organismus in sein harmonisches Gleichgewicht zurückzuverhelfen. Es ist erwiesen, daß durch die Ernährung elektromagnetische Zellschwingungen in Bewegung gesetzt werden, die eine mitogenetische Eigenstrahlung aufweisen. Innerhalb des Organismus ist dieser Vorgang ein wichtiger Informationsaustausch.

Ein Mangel an Farben führt zu einer allmählichen Entgleisung normaler Körperfunktionen, weil es dadurch an gewissen Elementen im Organismus fehlt.

Farbstrahlen haben also eine grundlegende Bedeutung für unsere Gesundheit und unser Wohlbefinden, denn sie durchdringen mit ihren Energien jede Zelle unseres Körpers und bewirken damit bestimmte molekulare Reaktionen, die als Grundlage seelischer und körperlicher Ausgewogenheit notwendig sind.

Im Zentrum jedes Atoms unseres Körpers ist das Licht mit allen seinen 7 Farben vorhanden.

Unser Organismus besteht aus Billionen von Zellen, von denen jede einzelne selbst einen feinen, bioelektrischen Strom erzeugt und damit eine Eigenschwingung besitzt. Durch ihren Stoffwechsel sind die Zellen verschiedenen chemischen Umwandlungen unterworfen und erhalten so die Stabilität des menschlichen Körpers.

Treffen nun die Farbschwingungen auf die schwingenden Körperzellen auf, so kommt es zu deutlichen Resonanzerscheinungen, da diese beiden Kräfte in ihrer Eigenschwingungszahl übereinstimmen. Dieses Prinzip ist für die Farbtherapie sehr wichtig, denn mit den Farbstrahlen werden dem Körper Resonanzkräfte zugeführt, die ein wirkungsvolles Echo in den Zellen auslösen und die damit das Allgemeinbefinden entscheidend beeinflussen.

Alles was als farbige Schwingung auf unseren Körper trifft, löst also tiefgreifende Reaktionen aus.

In einer gestörten Zelle fehlt die notwendige Energiefrequenz, wodurch es zu einer Veränderung ihrer Licht- und Farbqualität kommt - das ist wissenschaftlich eindeutig nachgewiesen worden. Wie licht- und farbdurchlässig das Körpergewebe ist, zeigt übrigens eine in den Mund gesteckte Taschenlampe sehr eindrucksvoll!

Ihre Energien bezieht die lebende Zelle einerseits aus den Elektrolyten des Blutes und der Lymphe und andererseits aus den Energiequellen Sonne - Licht - Farben.

Störungen im hochkomplizierten Energiesystem führen zu einem Ungleichgewicht im Organismus, der nach dem bipolaren Prinzip der beiden Energiefaktoren YIN und YANG arbeitet, die in einer ständig fließenden, wellenartigen Verwandlung ihren harmonischen Ausgleich finden.

Im Krankheitsfall hat sich der Organismus in Richtung YIN oder YANG "festgefahren".

Leben und Heilsein bedeuten jedoch fließen.

"Alles fließt", erklärte bereits Heraklit.

Das Licht und seine Farben

Farben sind Lichtschwingungen mit verschiedenen Wellenlängen und unterschiedlichen Frequenzen.

Wenn Lichtwellen auf eine Fläche fallen, dann werden sie dort entweder verschluckt (absorbiert) oder zurückgeworfen (reflektiert).

Jede Farbe wird demnach durch Absorption oder Reflektion bestimmt.

Werden alle Farben reflektiert, so entsteht Weiß.

Werden alle Farben absorbiert, so entsteht Schwarz.

Ein roter Gegenstand absorbiert beispielsweise Blau und Gelb und reflektiert Rot.

Jede Farbe ist somit das Ergebnis des Ausblendens der übrigen Farben aus dem weißen Licht.

Unser Auge kann nur eine sehr kleine Bandbreite des sichtbaren Lichts wahrnehmen, wobei dieser Teil in einem Wellenbereich von 780 (Rot) bis 400 (Violett) Nanometern liegt.

Ein Nanometer entspricht einem millionstel Millimeter (Abk.: nm). Eine Lichtwelle hat also mehrere Hundertmillionen von Schwingungsfrequenzen und ist eine Form von Energie, die ihre Richtung nicht verändert, sondern sich geradlinig ausbreitet.

Die Farbstrahlen geben, gemäß ihrer jeweiligen und der damit verbundenen Photonenzahl, Energien an die Elektronen im Inneren des Körpers ab, wodurch diese entweder beschleunigt oder in ihrer Anzahl erhöht werden. Mit dieser physikalischen Reaktion von Photonen und Elektronen läßt sich eine erhebliche Wirkung auf das Schwingungsverhalten aller Zellen im menschlichen Organismus ausüben.

Der Regenbogen ergibt also in seinen Farbtönen eine Skala zunehmend höherer Schwingungen und bildet somit eine Brücke von der grobstofflichen zur feinstofflichen Ebene.

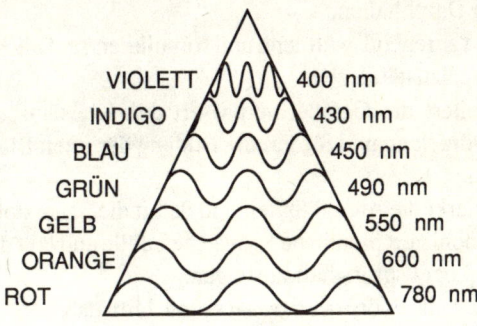

VIOLETT	400 nm
INDIGO	430 nm
BLAU	450 nm
GRÜN	490 nm
GELB	550 nm
ORANGE	600 nm
ROT	780 nm

Graphische Darstellung der Farbschwingungen in der kosmischen Pyramide

Die 7 Farben des Regenbogens und ihre Wirkung

ROT
Die Farbe der Lebenskraft, der Emotionalität, des Durchsetzungsvermögens und des festen Willens

Rot entspricht dem Planeten Mars, dem Element Feuer und dem Temperament des Cholerikers.

In seiner positiven Wesensart verkörpert Rot Begriffe wie: Mut, Entschlossenheit, Zielstrebigkeit, Spontanität, Leistungsfähigkeit, Dynamik und Potenz sowie Vitalität, Kraft und Stehvermögen.

In seiner negativen Wesensart steht Rot für: Leidenschaftlichkeit, Gewalttätigkeit, Rücksichtslosigkeit, Neigung zur Unmäßigkeit, Eifersucht, Kompromißlosigkeit, Abhängigkeit bis hin zur Hörigkeit sowie für Krieg, Zorn und Haß.

Die rote Farbenergie hat folgende Auswirkungen:
- macht gesprächig, leistungswillig und selbstbewußt,
- hilft dabei, neue Ziele zu setzen und motiviert den Willen zum Durchhalten,
- wirkt anregend, wärmend und stimulierend auf alle Energiemangelzustände,
- erweitert die Gefäße, verbessert den Kreislauf, regt den Blutdruck an und fördert die Bildung der roten Blutkörperchen,
- verstärkt die Atemtätigkeit und damit die Sauerstoffzufuhr,
- harmonisiert plötzliche Schwächeanfälle und läßt den Energiespiegel sprunghaft ansteigen,
- erhöht die Körpertemperatur und hilft dabei, Stoffwechselblockaden schneller abzubauen,
- steigert sexuelle Energien und Leistungsfähigkeit.

ORANGE

Die Farbe der Freude, der kreativen Ausdrucksform, der Impulsivität und des Selbstvertrauens

Orange entspricht dem Planeten Saturn.

In seiner positiven Wesensart steht Orange für: Enthusiasmus, Selbstsicherheit, Geselligkeit, Freundschaft, Konstruktivität und Unabhängigkeit sowie für Hilfsbereitschaft und Mitgefühl.

In seinen negativen Zügen signalisiert diese Farbe: Exhibitionismus, Dominanz, Destruktivität, Stolz, Unbeherrschtheit, Feigheit, Trägheit und Unselbständigkeit.

Die orange Farbenergie hat folgende Auswirkungen:

❑ wirkt aufmunternd, entkrampfend und entspannend,
❑ hilft gegen Depressionen, Unzufriedenheit und Lebensüberdruß und schafft Selbstvertrauen und Lebensfreude,
❑ wirkt gegen Psychosen und Angstzustände,
❑ unterstützt den Körper bei der Bildung und beim Fixieren von Kalzium,
❑ ist eine wichtige Energiezufuhr für Vegetarier,
❑ wirkt anregend auf endokrine Vorgänge,
❑ stimuliert die Verdauung,
❑ hilft gegen Kreislaufschwäche, Herzbeschwerden und häufige Müdigkeit,
❑ verstärkt den Abbau von Schadstoffen und gleicht Energiemangelzustände aus,
❑ erhöht die körpereigenen Abwehrkräfte.

GELB

Die Farbe der Erleuchtung, der Weisheit, des Denkens, der inneren Freiheit und Ungebundenheit

Gelb entspricht den Planeten Sonne und Saturn, dem Element Luft und dem Temperament des Sanguinikers.

In seiner positiven Wesensart verkörpert Gelb: Fröhlichkeit, Großzügigkeit, Optimismus, Phantasie, Herzlichkeit, Erfolgsstreben, breitgefächerte Interessen, logisches Denken, Gewandtheit im Selbstausdruck.

Negative Charaktermerkmale von Gelb sind: kleinliches, analytisches Denken, Neigung zu Übertreibung und Unaufrichtigkeit, Minderwertigkeitsgefühle, Pessimismus, Feigheit, Neid und Eifersucht.

Die gelbe Farbenergie hat folgende Auswirkungen:

❑ bringt den Geist in Schwung und hilft bei Gedächtnisschwäche und Lernproblemen,

❑ stimuliert das motorische Nervensystem, das die Muskeln mit Energie versorgt,

❑ hat eine reinigende Wirkung auf Blut und Lymphe und unterstützt die Ausscheidung von Schlacken durch die Haut,

❑ regt die Produktion der Galle sowie der Bauchspeicheldrüse an

❑ wirkt anregend auf die Leber und den Verdauungstrakt,

❑ hilft gegen Hautunreinheiten und Zellulitis infolge Stoffwechselstörungen der Leber,

❑ wirkt gegen Ermüdung, düstere Gemütsstimmungen und Lustlosigkeit und fördert Heiterkeit und Lebensfreude. (Goethe pflegte bei trübem Wetter durch ein gelbes Glas zu schauen.)

GRÜN

Die Farbe der inneren Harmonie und Ausgewogenheit, der
Fülle, des Wachstums und des Heilseins

Grün entspricht dem Planeten Venus, dem Element Wasser und dem Temperament des Plegmatikers.

In seinen positiven Charakterzügen verkörpert Grün: Sympathie, Mitgefühl, Harmonie, Anpassungsfähigkeit, Integrität, Verläßlichkeit, Ehrgeiz, Stabilität und Sicherheit.

In seiner negativen Wesensart steht Grün für: Trägheit, Gleichgültigkeit, Unversöhnlichkeit, Eigensinn, Mangel an Kompromißbereitschaft, Kritiksucht, Materialismus, Egoismus, Rücksichtslosigkeit, Geiz und Mißgunst.

Die grüne Farbenergie hat folgende Auswirkungen:
- ❑ fördert Regeneration, Entspannung, Ausgleich und Harmonie,
- ❑ wirkt beruhigend auf Herz und Nerven,
- ❑ hilft gegen Schwellungen und Stauungen im Gewebe,
- ❑ sediert und stabilisiert Blutdruck und Herztätigkeit und wirkt damit besonders heilsam und erfrischend,
- ❑ baut Vergiftungserscheinungen und chronische Entzündungen rascher ab,
- ❑ heilsame Wirkung auf die Bronchien (Asthma, Husten),
- ❑ unterstützt die Funktion der Augen (Übermüdung, Sehschwäche),
- ❑ wirkt desinfizierend, keimtötend und antiseptisch,
- ❑ kühlt und regeneriert bei Verbrennungen,
- ❑ wirkt kräftigend, straffend und verjüngend auf die Haut.

BLAU

*Die Farbe der Ruhe, des Friedens, der Hingabe, der Wahrheit,
der Treue und des Glaubens*

Blau entspricht den Planeten Merkur und Uranus, dem Element Erde und dem Temperament des Melancholikers.

In seiner positiven Wesensart steht Blau für: Loyalität, Vertrauen, Sanftmut, Geduld, Ergebenheit, Aufrichtigkeit, Verläßlichkeit, Zuversicht und Gottvertrauen.

In seiner negativen Wesensart symbolisiert Blau: Teilnahmslosigkeit, Selbstgerechtigkeit, Treulosigkeit, Aberglaube, Verschlossenheit, Überheblichkeit, Mangel an Vertrauen und Vereinsamung.

Die blaue Farbenergie hat folgende Auswirkungen:
- ❏ fördert Ruhe, Entspannung und Ausgeglichenheit,
- ❏ setzt erhöhte Körpertemperatur herab und führt zu einer Verengung der Gefäße, was eine Schmerzunempfindlichkeit bewirkt,
- ❏ beruhigt das Nervensystem und senkt erhöhten Blutdruck,
- ❏ wirkt besänftigend bei Angstzuständen, Herzjagen und Schlaflosigkeit sowie bei Schilddrüsenüberfunktion,
- ❏ antiseptisch und bakterientötend bei Entzündungen mit Eiterbildung,
- ❏ harmonisierend bei Beschwerden im Klimakterium,
- ❏ hilft bei nässenden Hauterkrankungen,
- ❏ lindert Entzündungen von Hals, Ohren, Nase und Augen sowie Husten, Schnupfen, Kopfschmerzen und Migräne.

INDIGO

*Die Farbe der spirituellen Verinnerlichung und der
außersinnlichen Wahrnehmung verborgener Mysterien*

Indigo entspricht dem Planeten Neptun.

In seiner positiven Wesensart steht Indigo für: Furchtlosigkeit, Reformgeist, Idealismus, soziale Aktivitäten, Lauterkeit und Heilsein von Körper, Seele und Geist.

In seiner negativen Wesensart symbolisiert Indigo: Intoleranz, Voreingenommenheit, Pessimismus und Depressionen sowie Ungerechtigkeit und Verfolgung.

Die indigoblaue (mitternachtsblaue) Farbenergie hat folgende Auswirkungen:

- ❑ wirkt anregend auf die Nebenschilddrüse und beruhigend auf die Schilddrüse,
- ❑ hilft bei nervösen Störungen und Krämpfen,
- ❑ lindert starke, akute Schmerzen und wirkt gefäßverengend und damit beruhigend und kühlend,
- ❑ fördert eine schnelle Heilung von Wunden,
- ❑ hilft gegen Blutungen sowie bei Schwellungen und Entzündungen,
- ❑ beruhigt das Nerven- und Lymphsystem,
- ❑ öffnet das 3. Auge für höhere Bewußtseinszustände und außersinnliche Wahrnehmungen.

VIOLETT
Die Farbe der Selbstaufopferung, des Dienens im Sinne der
Nächstenliebe, der Buße und der Läuterung

Violett entspricht den Planeten Neptun und Pluto.

In seiner positiven Wesensart steht Violett für: Menschenfreundlichkeit, hohe geistige Fähigkeiten, Nächstenliebe, Idealismus und Opferbereitschaft.

In seinen negativen Zügen symbolisiert Violett: Fanatismus, Arroganz, Machtmißbrauch, Sucht, Genuß, Ausschweifung, Betäubung der Sinne, Kriminalität, Verzweiflung und Wahn sowie Interesse an schwarzer Magie.

Die violette Farbenergie hat folgende Auswirkungen:

❑ hilft bei der intuitiven Klärung von Problemen,

❑ fördert die Sensibilität für psychische Prozesse (Hellsehen, Hellhören, Heilfühlen),

❑ unterstützt die Meditation sowie die Konzentrationsfähigkeit (Richard Wagners Musik entstand in einem violetten Umfeld, Leonardo da Vinci meditierte über Violett, bevor er mit seinen Werken begann),

❑ beeinflußt die Ausgewogenheit von Kalzium und Phosphor sowie die Bildung von Eisen und Jod,

❑ fördert die Normalisierung von Stoffwechsel und Drüsentätigkeit sowie die Produktion der weißen Blutkörperchen, regt den Lymphkreislauf und die Funktion der Milz an.

Der Sinn unseres Lebens

Es gibt zwei Daseinsformen - nämlich die unsere, in der Welt der Materie, der Zeit und des Raumes, die wir mit unserem Verstand wahrnehmen und begreifen können und in welcher wir jetzt leben. Aber es gibt auch die andere Welt - von vielen in Frage gestellt oder bestritten, von den meisten jedoch erahnt und von einigen wenigen bereits erlebt.

Die Kommunikation zwischen diesen beiden Ebenen findet in den 7 Energiezentren statt, die als Verstärker und Umwandler für kosmische Energien in unserem Körper wirksam sind.

In den 7 Chakren vollzieht sich die Verbindung mit unserem Ursprung, die Verschmelzung mit den kosmischen Lebensenergien, die von den einzelnen Energiezentren aus zu den jeweiligen Organen und Körperzellen, die damit in Verbindung stehen, weitergeleitet werden.

Jede einzelne der 7 großen Farbstrahlen erfüllt ihre ganz spezielle Funktion und ist für ein bestimmtes Chakra zuständig, um diesem die notwendigen Impulse zu vermitteln, die es für seine harmonische Funktion benötigt.

Wir nehmen die einzelnen Farbstrahlen durch unsere ätherische Aura auf. Das geschieht in der Form, daß hier das weiße Licht der Sonne in seine 7 Spektralfarben aufgegliedert wird, wobei die einzelnen Farbenergien dann in die ihnen jeweils zugehörigen Chakren einfließen. Diese stehen mit den 7 wichtigsten Drüsen des Körpers in Verbindung und versorgen diese mit den jeweils entsprechenden Farbenergien (siehe Seite 76).

Der Sinn unseres irdischen Daseins besteht in erster Linie darin, die Schwingungsfrequenz unserer Seele zu verfeinern, denn je feiner, ausgeglichener und energiereicher diese Schwingungen werden, um so höher erhebt sich unsere Seele aus dem grobstofflichen Bereich, bis sie schließlich einen so hohen Entwicklungsstand erreicht hat, daß sie sich aus den Gesetzen des Karmas emporschwingen kann.

Damit hat sie dann ihre irdische Läuterungsphase abgeschlossen und beendet, um nun ihre ewige Heimat wieder betreten zu dürfen. Die beste Voraussetzung für eine Läuterung unserer Seele liegt in einer harmonischen Übereinstimmung mit der inneren Führung - mit der leisen, aber dennoch ganz deutlichen inneren Stimme, die sich immer zu Wort meldet, wenn man ihrer Hilfe bedarf und ihren Rat annehmen möchte, der zugegebenermaßen oftmals den eigenen Wünschen und Vorstellungen widerspricht, denen zufolge man lieber den Weg des geringsten Widerstandes wählen möchte, wie das unserem menschlichen Wesen nun einmal entspricht.

Dennoch ist es so wichtig, sich seiner inneren Führung anzuvertrauen und dem eigenen Gewissen zu folgen, denn wenn die Seele nicht einverstanden ist mit dem, was der Geist beschließt, dann geraten die Chakren aus ihrer harmonischen Funktion, weil der Energiezufluß blockiert und eingedämmt wird.

Wenn die Chakren jedoch aus ihrem Schwingungsgleichgewicht geraten sind, dann ist ihre Funktionsfähigkeit beeinträchtigt, und die Folge davon ist seelisches Leid, Depressionen, körperliche Unpäßlichkeiten, die schließlich zu Krankheiten ausarten, wenn diese Energieblockade längere Zeit andauert und die körperlichen Abwehrkräfte dadurch immer schwächer werden.

Eine "Erlösung" der Energiezentren, die sich in einem festgefahrenen Zustand befinden, ist nur durch die Wiederherstellung der inneren Harmonie zu erzielen, denn damit lösen sich geistige Blockaden und Energiestauungen wieder auf, der Lebensstrom findet erneut in sein ausgewogenes Fließgleichgewicht zurück - die kosmische Ordnung und Harmonie ist zurückgekehrt. Im Grunde genommen ist alles so einfach und einleuchtend - und dennoch fällt es uns oftmals so schwer, dem Lebenskampf gewachsen zu sein und allen Anforderungen, die der Alltag an uns heranträgt, gerecht zu werden.

Ein ständiges Kämpfen und Ringen gehört jedoch zu unserem

Leben, denn nur so haben wir die Chance, uns bewähren zu können und die Stufen zur Vollendung emporzusteigen.

Das bewältigen zu können und schließlich zu schaffen, ist der größte und innigste Wunsch unserer Seele.

Die 7 großen Farbstrahlen aus dem Sonnenspektrum können uns dabei eine unschätzbare Hilfe bedeuten, wenn wir uns geistig mit ihnen verbinden und ihre lichten, positiven Wesenszüge unserer Seele einverleiben, um damit ihre Qualität zu veredeln und ihre Schwingungen zu verfeinern.

Im Gleichklang mit den Farben

Wenn man durch vertiefte Selbsterkenntnis das innere Bedürfnis hat, sich erheben und veredeln zu wollen und bestimmte positive Charakterzüge zu entwickeln, die mit denen der einzelnen Farben im Gleichklang sind, so kann man sich mit den Schwingungen der jeweils benötigten Farbe geistig harmonisch verbinden und ihr Wesen in sich wirksam werden lassen.

Das ROT der Lebenskraft stärkt: die Zielstrebigkeit - den Mut - die Ausdauer - den Willen - und das Durchsetzungsvermögen.
Positive Affirmation: Ich habe ein Ziel und gehe stark, mutig und unbeirrt darauf zu. Alles, was ich jetzt beginne, gelingt mir auf vollkommene Art und Weise.

Das ORANGE der Lebensfreude stärkt: die Gesundheit - die Jugendlichkeit - die Heiterkeit - die Hilfsbereitschaft - die Zärtlichkeit - und das Mitgefühl.
Positive Affirmation: Ich bin von einer inneren Freude erfüllt und fühle mich jung, gesund und glücklich. Ich reiche all denen meine Hand, die meine Hilfe brauchen.

Das GELB der Weisheit verhilft: zur Erkenntnis - zu besserem Urteilsvermögen - zur Weisheit - und zu geistiger Erleuchtung.

Positive Affirmation: Neue Ideen und Erkenntnisse fließen mir jetzt zu, und ich fühle mich gestärkt und erleuchtet.

Das GRÜN der Harmonie fördert: das Verständnis - die Stabilität - die Großherzigkeit - die Ausgewogenheit - und die Vitalität.
Positive Affirmation: Ich fühle mich frei und unbelastet, und ich kann mich jetzt vollkommen entfalten und verwirklichen.

Das BLAU der Inspiration stärkt: die Gelassenheit - das Vertrauen - den Glauben - die Zuversicht - die Wahrheit - und das Gottvertrauen.
Positive Affirmation: Ich fühle mich ruhig und gelassen und bin offen und empfänglich für geistige Inspirationen, die mir jetzt überreichlich zufließen. Ich danke für die Gnade der geistigen Führung.

Das INDIGO der Intuition fördert: die Integrität - die Loyalität - das Bewußtsein für höhere Ebene - die Begabung für außersinnliche Wahrnehmungen - und das Erkennen kosmischer Gesetzmäßigkeiten.
Positive Affirmation: Ich bin erfüllt von einem inneren Reichtum. Stark und erleuchtet verströme ich meine Kraft an meine Mitmenschen und wirke durch mein Beispiel.

Das VIOLETT der spirituellen Energien stärkt: die Demut - die Opferbereitschaft - den Wunsch zur Läuterung und zum selbstlosen Dienst am Nächsten.
Positive Affirmation: Vor mir liegt ein Leben voller Frieden und Licht. Ich gehe den Weg der Liebe, Güte und Barmherzigkeit zur Läuterung meiner Seele und zur Tilgung meines Karmas.

Heilenergien und ihre Farben

Die Bach-Blüten-Therapie

Das folgende Kapitel ist einem wahrhaft großen und von mir hochverehrten Mann gewidmet, der mit seiner selbstlosen und menschenfreundlichen Arbeit eine Heilmethode entwickelt hat, die heute immer mehr an Bedeutung gewinnt.

Der englische Arzt Dr. Edward Bach, er lebte von 1886 bis 1936, wurde aus Liebe zu seinen Mitmenschen innerlich dazu getrieben, die wirklichen Ursachen des Krankseins zu ergründen.

Seine tiefe Menschenkenntnis, seine Liebe zur Natur und sein Verständnis für die großen Zusammenhänge in der Schöpfung Gottes, verbunden mit dem innigen Wunsch, all denen zu helfen, die leiden oder in Not sind, führten ihn zur Entdeckung seiner "38 Heiler". Er nahm dafür große, persönliche Belastungen auf sich.

Als er erkannt hatte, daß ihm sein wissenschaftlich geschulter Intellekt nicht mehr weiterhelfen konnte und daß er mit seiner Tätigkeit als praktizierender Arzt, die ihm zunehmende Berühmtheit eingebracht hatte, nicht mehr weiterkam, baute er mit ganzer Kraft auf die göttliche Führung und überließ sich seiner Intuition. Bar aller finanzieller Mittel, die er für die wissenschaftliche Forschung aufgewandt hatte, verließ er im Jahre 1930 seine gutgehende Praxis in London und zog sich aufs Land zurück, um nach Pflanzen und Kräutern zu suchen, welche die von ihm als wirksam erkannten Heilkräfte enthalten sollten.

In den letzten Jahren seines Lebens suchte und fand er für die leidende Menschheit eine neue, wunderbare Heilmöglichkeit und erprobte nach und nach an sich selbst ihre Wirkung.

Er mußte oftmals Leiden, für welche er gerade das passende

Heilmittel suchte, auf sich nehmen, um selbst spüren zu können, wann die richtige Pflanze gefunden war, denn dann wurde er von seiner Krankheit erlöst.

Dr. Bach hatte eindeutig erkannt, daß die körperlichen Krankheiten ihren Ursprung in der menschlichen Psyche haben, und er durchforschte die Krankheitsbilder seiner Patienten unter diesem Aspekt. Dabei fand er immer eine ganz bestimmte, seelische Grundhaltung, die mit einem körperlichen Leiden jeweils ganz deutlich Hand in Hand ging, und entdeckte überdies in der Darmflora Bakterien, die ebenfalls jeweils ganz spezifischen, menschlichen Wesenszügen zugeordnet werden konnten.

Seine "38 Heiler" wirken negativen Zuständen der Psyche entgegen und "erlösen" den Körper damit aus seiner festgefahrenen Blockade, die er als Auslöser für Krankheitserscheinungen erkannt hat.

Es handelt sich hier also um eine psychosomatische Heilmethode. Dr. Bach hatte, wie er selbst formulierte, die demütige Hoffnung, daß er all jenen, die leiden, helfen kann, in sich selbst den wahren Ursprung ihrer Krankheit zu entdecken, so daß sie zu ihrer Heilung selbst beitragen können.

Es ist für mich sehr betrüblich und, wie ich meine, ganz und gar nicht im Sinne des großen Menschenfreundes Dr. Bach, daß eine unverständlich erscheinende Entscheidung diese natürlichen Heilmittel hier in Deutschland vom freien Verkauf ausschließen. In anderen Ländern, wie zum Beispiel in Österreich, sind die "38 Heiler" in Apotheken frei verkäuflich.

Dennoch habe ich die große Hoffnung, daß mit dem zunehmenden Verständnis, welches immer mehr Menschen den natürlichen Heilmethoden entgegenbringen, auch hier sehr bald eine für uns alle befriedigende Lösung gefunden werden kann, die jedem mündigen Menschen die Möglichkeit zugesteht, sich selbst auf völlig gefahrlose, natürliche Art eine Hilfe geben zu können.

Dieses mein persönliches Anliegen möchte ich unter das

strahlende Licht folgender Worte stellen, die Dr. Bach so formuliert hat:

"Und mögen wir in unserem Herzen stets Freude und Dankbarkeit empfinden, daß der Schöpfer aller Dinge in SEINER Liebe für uns die Kräuter in den Feldern als SEINE göttlichen Heilmittel schuf."

Die "38 Heiler" teilen sich in folgende 7 Gruppen auf:
1. gegen Furcht und Angst
2. gegen Unsicherheit und Zweifel
3. gegen Interessenlosigkeit und Gleichgültigkeit
4. gegen Einsamkeit und Hilflosigkeit
5. gegen Beeinflußbarkeit und Bevormundung
6. gegen Mutlosigkeit und Verzweiflung
7. gegen Überbesorgtsein und Erschöpfung

Für außergewöhnliche Belastungen und plötzliche seelische Erschütterungen sind die "Notfall-Tropfen" eine wirkungsvolle und rasche Hilfe. Es gibt auch eine auf biologischer Basis hergestellte Salbe, die nach dem Prinzip der "Notfall-Tropfen" zusammengestellt ist und die bei äußerlicher Anwendung sehr gute Erfolge zeigt.

Die 38 Heiler und ihre Farbentsprechung

Die angegebenen Ziffern stellen die handelsübliche Bezeichnung der einzelnen Präparate dar.

Rot

5   Bleiwurz oder Hornkraut (Cerato)
     Man leidet unter mangelndem Selbstvertrauen, fragt dauernd andere um Rat und hat nicht den Mut, eigene Entscheidungen zu fällen.

12   Herbstenzian (Gentian)
Man ist rasch entmutigt und von vielen Zweifeln und Vorurteilen geplagt. Pessimismus und Skepsis belasten die Seele.

13   Stechginster (Gorse)
Man befindet sich in tiefster Hoffnungslosigkeit und hat das Gefühl, völlig am Ende zu sein.

17   Weißbuche oder Hainbuche (Hornbean)
Man fühlt sich zu kraftlos und erschöpft, um die Bürde des Lebens noch weiter tragen zu können und ist seelisch überfordert und ausgelaugt.

28   Einjähriger Knäuel (Scleranthus)
Man fühlt sich nicht imstande, eine richtige Entscheidung zu treffen und ist zwischen zwei Alternativen hin- und hergerissen. Ständig wechselt man seine Meinung und ist unsicher, jedoch auch nicht dazu bereit, aus sich herauszugehen und sich anderen Menschen zu öffnen.

36   Waldtrespe (Wild Oat)
Man ist von großem Ehrgeiz erfüllt und möchte möglichst viel erfahren und erleben, fühlt aber keine klare Berufung in sich und hat nur vage Vorstellungen von seinem Ziel. Daraus ergeben sich Verzögerungen, die große Unzufriedenheit nach sich ziehen.

Orange

11   Ulme (Elm)
Man fühlt sich deprimiert, weil man sich vorgenommen hat, Bedeutendes zu leisten und plötzlich das Gefühl hat, diesen zu schwierigen Aufgaben doch nicht gewachsen zu sein.

19   Lärche (Larch)
Man fühlt sich minderwertig und hat kein Vertrauen in die eigenen Fähigkeiten. Ständig befürchtet man Fehlschläge und gibt sich deshalb auch kaum noch Mühe, etwas Besonderes zu leisten oder an Erfolg zu glauben.

22 Eiche (Oak)
Man hat ein übersteigertes Pflichtgefühl und kämpft unaufhörlich tapfer weiter. Auch wenn die Situation noch so hoffnungslos erscheinen mag, läßt man nicht locker und gibt niemals auf, obgleich es über die eigenen Kräfte geht.

24 Schottische Kiefer (Pine)
Man ist mit seinen Leistungen und Erfolgen nie zufrieden und meint immer, man hätte viel besser sein müssen. Selbstvorwürfe und Schuldgefühle belasten schwer.

29 Goldiger Milchstern (Star of Bethlehem)
Man hat einen Schock oder großes, seelisches Leid erfahren und meint, mit dem Schmerz oder Verlust nicht fertig werden zu können und ist einfach untröstlich!

30 Eßkastanie (Sweet Chestnut)
Man ist in große Verzweiflung geraten und fühlt sich am Rande seiner Belastbarkeit. Alles erscheint düster und ausweglos und erzeugt das Gefühl, total am Ende zu sein.

38 Gelbe Weide (Willow)
Man fühlt sich vom Schicksal zu hart bestraft, lehnt sich dagegen auf und klagt, weil man meint, eine so harte, ungerechte Prüfung nicht verdient zu haben, ist verbittert und verliert die Freude am Leben. Nichts mehr ist wirklich interessant.

Gelb

2 Espe oder Zitterpappel (Aspen)
Man hat unerklärliche Ängste und Vorstellungen, daß etwas Schreckliches geschehen könnte und ist davon Tag und Nacht verfolgt und gequält, kann jedoch keine Erklärung dafür finden.

6 Kirschpflaume (Cherry Plum)
Man befürchtet, den Kopf zu verlieren oder Kurzschlußhandlungen zu begehen, die man zwar als falsch erkennt, die einem dann aber aus Unbeherrschtheit dennoch passieren.

9   Waldrebe (Clematis)

Man träumt in den Tag hinein und hat an nichts wirklich Interesse. Die momentane Situation wird als unglücklich empfunden, und die einzige Hoffnung liegt in der Zukunft. Oftmals ist man des Lebens müde geworden und sehnt sich nach einer Erlösung durch den Tod.

16   Geißblatt (Honeysukle)

Man lebt in der Vergangenheit und schwelgt in glücklichen, längst entschwundenen Erinnerungen. Es fällt einem schwer, an ein neues Lebensglück zu glauben.

20   Gefleckte Gauklerblume (Mimulus)

Man ist von vielerlei Ängsten gequält und verschließt diese in seinem Inneren, ohne jemals darüber zu sprechen. Es sind Ängste des Alltags, wie Krankheit, Armut, Einsamkeit, Bloßstellung oder sonstiger Bedrängnisse.

25   Rote Kastanie (Red Chestnut)

Man macht sich viel zu viele Sorgen um all diejenigen, die einem nahestehen und die man liebt. Das eigene Schicksal nimmt man gelassen entgegen, doch man hat ständig die Befürchtung, daß seinen Lieben etwas Schlimmes zustoßen könnte.

26   Gelbes Sonnenröschen (Rock Rose)

Man glaubt, es gibt keine Hoffnung mehr und ist deshalb von einem inneren Panikgefühl erfaßt, hat die Kontrolle über sich verloren und meint, einer Ohnmacht nahe zu sein.

37   Heckenrose (Wild Rose)

Man hat resigniert, und es läßt einen alles ziemlich gleichgültig. Klaglos ergibt man sich seinem Schicksal und unternimmt keinerlei Anstrengungen mehr, um irgendetwas zum Positiven zu verändern. Es hat ohnehin keinen Sinn mehr, sagt man sich.

3   Rotbuche (Beech)

Man hat das Bedürfnis, immer nur das Gute und Schöne zu erblicken und übersieht dabei oftmals die Realität. Toleranz, Nachsicht und vermehrtes Verständnis sind notwendig, um die eigene Harmonie und Ruhe zu gewährleisten.

8   Wegwarte (Chicory)

Man ist mit übersteigerter Sorge um seine Umwelt erfüllt und möchte ständig ausgleichen, Ordnung schaffen und ein Wort mitreden - auch wenn es oftmals unerwünscht ist. Dafür erwartet man Anerkennung und Zuwendung und ist zutiefst enttäuscht, wenn man auf Ablehnung oder Kritik stößt.

14   Schottisches Heidekraut (Heather)

Man kann nicht allein sein und hat das dringende Bedürfnis, seine Probleme und Sorgen mit anderen zu besprechen und ist sehr unglücklich und niedergeschlagen, wenn man kein Echo oder keine Beachtung findet, denn man möchte unter allen Umständen immer Gesellschaft haben und auch für kurze Zeit nicht allein sein müssen.

18   Drüsentragendes Springkraut (Impatiens)

Man ist sehr rasch im Denken und Handeln und daher oftmals ungeduldig und ungerecht und zeigt seinen Mitmenschen gegenüber kein Verständnis, wenn sie mit dem Tempo nicht mithalten können.

27   Wasser aus heilkräftigen Quellen (Rock Water)

Man hat eine starre Lebenseinstellung und ist hart und unnachgiebig sich selbst gegenüber. Freuden und Vergnügungen fallen einer strengen Selbstdisziplin zum Opfer, und man unterdrückt seine Bedürfnisse und Wünsche lieber, als seine Arbeit oder seinen Erfolg zu gefährden.

31   Eisenkraut (Vervain)

Man hat fixe Ideen und Prinzipien, die mit allen Mitteln verteidigt und aufrechterhalten werden. Im Übereifer überfordert man seine Kräfte und setzt seine Gesundheit aufs Spiel. Man hat das Bedürfnis, anderen seine Vorstellungen aufzudrängen und sie zu "bekehren", oftmals mit Autorität und Gewalt.

32 Waldrebe (Vine)
Man ist selbstbewußt und zu hervorragenden Leistungen fähig. Überaus ehrgeizig, dominant und egoistisch möchte man mit dem Kopf durch die Wand - koste es, was es wolle.

34 Sumpfwasserfeder (Water Violet)
Man ist gerne allein - unabhängig und selbstbewußt kümmert man sich wenig um die Meinung der anderen, sondern hält Distanz und geht ihnen lieber aus dem Weg. Oftmals werden solche Menschen als Eigenbrödler oder Außenseiter betrachtet.

Blau

7 Knospe der Roßkastanie (Chestnut Bud)
Man macht immer wieder die gleichen Fehler und lernt nichts aus seinen Erfahrungen. Man ist auch nicht bereit, hilfreiche Ermahnungen entgegenzunehmen, obwohl man sich damit so manchen Fehltritt und viele Enttäuschungen ersparen könnte.

21 Wilder Senf (Mustard)
Man fühlt sich zeitweise zutiefst verzweifelt und schwermütig, ohne dabei eine Erklärung für sein Seelentief zu finden. Dunkle Wolken überschatten das Gemüt und rauben jegliche Freude am Leben.

23 Olive (Olive)
Man fühlt sich körperlich und seelisch ausgelaugt und erschöpft. Der Alltag bereitet größte Anstrengungen, und man ist völlig überfordert. Das Leben wird nur mehr als schwere Bürde und freudlose Last empfunden.

35 Roßkastanie oder Weiße Kastanie (White Chestnut)
Man ist unaufhörlich von unerwünschten Gedanken und

Vorstellungen geplagt, die sich ins Bewußtsein drängen und im Kopf herumgeistern, ohne daß man sich von ihnen befreien kann. Es gelingt nicht mehr, sich zu konzentrieren, und man findet keine Ruhe.

Indigo

1   Odermenning (Agrimony)
Man liebt die Ruhe und den Frieden über alles und gerät bei Unstimmigkeiten in große Bedrängnis, weshalb man lieber bereit ist, seine eigene Meinung zu verleugnen und kleinbei-zugeben. Sorgen und Schwierigkeiten werden hinter einer Maske von Heiterkeit verborgen. Um dem inneren Druck zu entrinnen, greift man gerne zu Alkohol oder zu sonstigen "Seelentröstern", um die seelische Belastung besser über-spielen zu können.

4   Tausendgüldenkraut (Centaury)
Man ist in seiner gutmütigen Wesensart übereifrig darum bemüht, die Wünsche anderer zuvorkommend zu erfüllen und überschätzt in seinem Eifer oftmals seine eigenen Grenzen. Dabei besteht die Gefahr, seine eigene Persönlich-keit nicht genügend zur Entfaltung zu bringen und seine Selbstverwirklichung zu vernachlässigen.

15   Stechpalme (Holly)
Man ist von verschiedenartigen Formen negativer Gedan-ken, wie Neid, Eifersucht, Mißgunst oder Haß erfüllt und fühlt sich dabei selbst zutiefst unglücklich und leidend.

33   Walnuß (Walnut)
Man hat zwar ein festes Ziel und solide Vorstellungen von seiner Zukunft vor Augen, läßt sich jedoch zuweilen von anderen beeinflussen und in Versuchung führen, seinen eingeschlagenen Weg zu verlassen. Standfestigkeit und Zielstrebigkeit fehlen. Oftmals mangelt es auch an Mut, einen einschneidenden Lebensabschnitt oder einen Neube-ginn in Angriff zu nehmen.

10 Holzapfel (Crab Apple)

Man hat das Bedürfnis, sich innerlich reinigen zu wollen, um negative Gedanken, Gefühle oder ein körperliches Leiden loszuwerden. Man möchte von einer unangenehmen, belasteten Situation befreit werden und verlangt nach einem "Reinigungsmittel" mit schneller Wirkung.

Praktische Anwendungsmöglichkeit

Wenn Sie, meine lieben Leser, in der Liste der "38 Heiler" nun Ihre seelischen Schwächen und Leiden entdeckt haben, dann können Sie nicht nur die jeweiligen Bach-Blüten-Tropfen einnehmen, sondern Sie können sich überdies auch noch mit den zugehörigen Farbschwingungen verbinden, um daraus eine zusätzliche Hilfe zu gewinnen. Man bestrahlt dafür entweder mit dem passenden Farblicht das Sonnengeflecht, oder man läßt die benötigte Farbe geistig in sich einfließen (Visualisierung von Farben).

Dabei ist es auch möglich, sowohl mehrere Bach-Blüten-Tropfen als auch mehrere Farbschwingungen miteinander zu kombinieren, wenn dies erforderlich ist.

Aromatherapie

In der Antike wußten die Menschen bereits um die heilsame Wirkung der ätherischen Öle.

In den Pyramiden sind viele Salbentiegel und Ölfläschchen gefunden worden, an denen sogar noch Spuren des ursprünglichen Inhalts festzustellen war. Der Duft von Weihrauch und Benzoe konnte beispielsweise noch ganz deutlich wahrgenommen werden.

In den ätherischen Ölen konzentrieren sich die Heilkräfte der aromatischen Pflanzen, die einen starken Einfluß auf unsere Gesundheit und unser Wohlbefinden haben und die damit sowohl auf körperlicher als auch auf geistig-seelischer Ebene ihre Wirkung ausstrahlen.

Über den Geruchssinn, der unser empfindlichstes Sinnesorgan ist, gelangen die Duftinformationen in die Nervenzellen der Riechschleimhaut und von dort aus auf direktem Weg weiter zum Stammhirn, das als Steuerungsorgan für sämtliche Gefühle, Eindrücke und vegetative Funktionen zuständig ist.

Die Wirkung der ätherischen Öle ist wissenschaftlich genau untersucht worden, und man weiß daher, daß beruhigende Öle eine Verlangsamung der Hirnwellentätigkeit bewirken, während anregende Öle diese beschleunigen.

Außerdem wirken sie auf die innere Sekretion der Drüsen und auf das Nervensystem, wodurch Hormone vermehrt in die Blutbahn transportiert werden. Dadurch werden die körperlichen Abwehrkräfte angeregt, was eine Stimulation von Körper, Seele und Geist auslöst.

Da die ätherischen Öle ein kleines Molekulargewicht haben, sind sie in der Lage, die Rezeptoren der Haut leicht passieren zu können. Von dort aus gelangen sie weiter ins Bindegewebe, in die Muskulatur, in den Blut- und Lymphkreislauf, bis hin zu den einzelnen Organsystemen.

Bereits nach 15 Minuten können sie im Blutkreislauf mikroskopisch nachgewiesen werden.

Diese Tatsache erklärt die enorme Wirkung der einzelnen Duftöle bei bestimmten Schmerzzuständen, Durchblutungsstörungen, Entzündungen oder Schlafstörungen, um nur einiges zu nennen.

Mit den natürlichen, ätherischen Ölen haben wir sehr heilsame Energien zur Verfügung, die nicht nur köstlich duften, sondern die auch eine revitalisierende, entspannende oder beruhigende Wirkung haben und die sich außerdem noch in die einzelnen Schwingungsebenen des Farbkreises einfügen, womit sie auch in der Farbtherapie eine ganz besondere Bedeutung gewonnen haben.

Düfte und ihre Farben

ROT - VIOLETT

Weihrauch

Ein intensiver, warmer Duft, der Ruhe vermittelt und eine Brücke von der grobstofflichen zur feinstofflichen Welt schlägt.

Dieses Öl unterstützt die Umsetzung und Verwirklichung von Ideen und verhilft zum Durchbruch und zum Erkennen neuer Ziele.

Heilwirkung: erwärmend; belebend; antiseptisch; schleimlösend; wundheilend; hautglättend; reinigend; anregend und beruhigend; entspannend und klärend auf erregte Gefühle und Emotionen. Nicht innerlich einnehmen!

Sandelholz

Es ist ein Duft der Stille, der Abstand gewinnen läßt und den Geist für spirituelle Einsichten und Erkenntnisse öffnet.

Sandelholzöl gilt als eines der "heiligen Öle".

Heilwirkung: krampflösend; juckreizstillend; schleimlösend; antiseptisch; antidepressiv; regenerierend; schlaffördernd; vitalisierend; euphorisierend; leicht erotisierend; heilungsfördernd; gegen trockene, schlecht durchblutete Haut (Kompressen), entzündungshemmend (Akne, Ekzem).

Nicht während der Schwangerschaft verwenden!

Rose

Ein blumiger, weicher, sehr zarter Duft, der das Herz öffnet und das feinstoffliche Energiesystem stärkt.

Rosenöl ist eines der ältesten und bekanntesten Öle und wird auch als "heiliges Öl" bezeichnet.

Es bereinigt negative Gefühle und schmerzliche Empfindungen, wie z. B. Liebeskummer.

Heilwirkung: krampflösend; blutstillend; entzündungshemmend; stark antiseptisch; stärkt das Kreislaufsystem und fördert die Durchblutung; hilft bei trockener, entzündeter und strapazierter Haut; wirkt regulierend auf den weiblichen Hormonhaushalt; hat einen anregenden Einfluß auf die Geschlechtsorgane; hilft bei Depressionen und nervösen Spannungen; stärkt das Immunsystem.

Rosenöl kann unverdünnt auf die Haut aufgetragen werden.

Patchouli

Ein erdiger, herber Duft, der zu einer Ausgewogenheit der körperlichen und geistigen Kräfte verhilft und den Wunsch erweckt, innere und äußere Grenzen zu überschreiten und neuen Zielen zu folgen.

Dieses Öl ist ein wichtiges Duftfixativ und kann als Schutz gegen Motten verwendet werden.

Heilwirkung: wundheilend; durchblutungsfördernd; hautstraffend bei trockener, müder oder überstrapazierter Haut; gegen Angst und Depressionen; erotisierend; Aphrodisiakum.

Nicht innerlich einnehmen!

Nelke

Ein intensiver, schwerer Duft, der eine warme, ruhige und heime-
lige Atmosphäre verbreitet, die Aura stärkt und dazu verhilft, sich
von Altem, Vergangenem zu lösen und befreien zu können.

Heilwirkung: wärmend; krampflösend; sexuell anregend;
magenstärkend; fördert die Heilung von Wunden; hilft bei Zahnschmerzen; wirkt gegen Blähungen, Durchfall und Stoff-
wechselstörung; verleiht einen wohlriechenden Atem; unterstützt
die Wehentätigkeit.

Nicht innerlich einnehmen!

Zedernholz

Ein herber, frischer Duft, der Kraft, Mut und Ausdauer vermittelt,
die Atmung vertieft und harmonisierend auf das Gemüt wirkt.

Heilwirkung: schleimlösend; juckreizstillend; nervenstärkend;
wirksam bei Husten und Bronchitis; stärkt den Harntrakt; wirkt
durchblutungsfördernd auf die Haut und hilft gegen Ekzeme,
Schuppenbildung, Psoriasis, Dermatitis oder Akne; stärkt das
Selbstbewußtsein; hilft bei nervlicher Überbelastung und
Angstgefühlen.

Nicht innerlich einnehmen! Nicht während der Schwangerschaft verwenden!

Zimt

Ein würziger, warmer, leicht scharfer Duft, der ein Gefühl der
Wärme und Geborgenheit vermittelt und sowohl die Inspiration
als auch die Kreativität anregt und fördert.

Heilwirkung: stark wärmend; nervenstärkend; leicht
erotisierend; verdauungsfördernd; blutstillend; kreislauf-, herz-
und atmungsanregend; hilft gegen Gefühle der Einsamkeit, Angst
und Verzagtheit und gegen Gefühlskälte - wie Frigidität und

Impotenz - sowie bei ausbleibender Menstruation; krampflösend; wirksam bei Erkältungskrankheiten.

Zimtöl darf nur sehr schwach dosiert werden, da es sonst Hautreizungen hervorrufen kann!

Muskatnuß

Ein warmer, würziger Duft, der stark anregend wirkt und das Traumerleben fördert.

Heilwirkung: allgemein anregend und stärkend; kreislaufunterstützend; hilft bei Rheuma, Muskelschwäche oder Verspannungen; fördert die Menstruation; hilft bei Zahnschmerzen und gegen schlechten Atem.

Muskatöl sollte sehr sparsam dosiert werden!

ROT - ORANGE

Vetiver

Ein leicht herber, moosartiger Waldduft, der eine "erdende" Wirkung hat, das Bewußtsein für die Realität stärkt, die innere Wahrnehmung fördert und dabei heiter, gelassen, tolerant und idealistisch stimmt.

Heilwirkung: erotisierend; euphorisierend; antidepressiv, beruhigt bei nervlicher Überbelastung und Streß; hilft bei trockener, strapazierter Haut; wirkt ausgleichend bei Hormonstörungen, da dieses Öl viele Pflanzenhormone enthält; sanft stimulierend und regenerierend.

Nicht innerlich einnehmen!

Ylang-Ylang

Ein süßer, betörender, blumiger Duft, der Hoffnungen und Sehnsüchte weckt, Gefühle der Ungewißheit, Traurigkeit oder Auswegslosigkeit auflöst und Emotionen harmonisiert.

Heilwirkung: erotisierend; antidepressiv; wirkt gegen Frigidität und Impotenz; muskelentspannend; unterstützt die Erneuerung der Hautzellen und ist daher ein wirksamer Zusatz für Massageöle; hilft bei Hautproblemen; lindert Beschwerden in den Wechseljahren. Nicht innerlich einnehmen!

Rosenholz

Ein blumig, warmer Duft mit holziger Note, der innere Freude und Geborgenheitsgefühle vermittelt und der die Spontanität im Handeln und Fühlen fördert und verstärkt.

Heilwirkung: krampflösend; vitalisierend; stärkt das Selbstvertrauen und die innere Sicherheit; wirkt anregend und zugleich harmonisierend; aphrodisierend; sehr hilfreich bei müder, welker Haut und zur Vorbeugung von Schwangerschaftsstreifen. Nicht innerlich einnehmen!

Cistrose

Ein warmer, würzig-schwerer Duft, der tief nach innen dringt und im Gefühlsbereich Wärme und Geborgenheit spürbar werden läßt.

Heilwirkung: lymphanregend; krampflösend; durchblutungsfördernd; wirksam bei Erkrankungen der Haut; fördert die Wundheilung; wirkt unterstützend bei Nieren- und Blasenschwäche; fördert die Mitmenschlichkeit und besänftigt Gefühlskälte und Herzlosigkeit. Nicht innerlich einnehmen!

ORANGE

Geranie

Ein rosenähnlicher, zitrusartiger Blütenduft, der Heiterkeit und Lebensfreude vermittelt, eine harmonische Atmosphäre verschafft und der die Kommunikation und Kontaktfreudigkeit belebt und fördert.

Heilwirkung: wirkt gegen nervöse Spannungen und Depressionen; fördert die Verheilung von Wunden; hilft gegen Akne, Schuppenflechte, Verletzungen oder sonstige Hautkrankheiten;

gleicht hormonelle Schwankungen harmonisch aus; lindert Neuralgien und Nervenschmerzen; unterstützt die Blasenfunktion; Geranienöl wird als ein hervorragendes Hautpflegemittel eingesetzt. Nicht innerlich einnehmen!

Neroli (Orangenblüte)

Ein warmer, süßer Duft, der tiefliegende Ängste im seelischen Bereich harmonisch ausgleicht, innere Narben heilt und den Blick für das Wesentliche schärft. Neroliöl wirkt stärkend auf die Aura und wird deshalb auch als "Schutzöl" bezeichnet.

Heilwirkung: wirkt gegen Hautrötung und -entzündung; stimuliert das Zellwachstum; hilft gegen Schlaflosigkeit und Angstzustände; unterstützt die Herztätigkeit; krampflösend; kreislauffördernd; gegen Depressionen und nervöse Spannungen; hautpflegend; erotisierend. Nicht innerlich einnehmen!

Petit Grain

Ein rosenartiger, lieblich-süßer Duft mit einem leicht herben, frischen Charakter, der erheiternd und entspannend wirkt und zu angenehmer Konversation und freundschaftlichen Gesten animiert.

Heilwirkung: anregend; antidepressiv; hautpflegend; hilft bei nervlicher Überbelastung und psychischen Störungen; stimmt ruhig, heiter und zuversichtlich; wirkt gegen Schlaflosigkeit und seelischen Streß. Nicht innerlich einnehmen!

Orange

Ein süßlich -frischer, freundlicher Duft, der eine positive, fröhliche Stimmung verbreitet und depressiven Gedanken entgegenwirkt. Orangenduft beruhigt das Gemüt, stärkt den Lebensmut und fördert den Optimismus und die Lebensfreude.

Heilwirkung: erfrischend; anregend; tonisierend; herzstärkend; appetitfördernd; entschlackende und straffende Wirkung; schützt vor Austrocknung der Haut; unterstützt die Regeneration der Hautzellen; hilft bei Blasen-Nierenschwäche; beseitigt Einschlafstörungen; Orangenöl ist bei trockener, rissiger, strapazierter Haut und bei Zellulitis eine wirkungsvolle Hilfe; es wirkt außerdem kräftigend auf das Zahnfleisch. Sparsam dosieren!

ORANGE - GELB

Ingwer

Ein frischer, würziger, leicht scharfer Duft, der wärmend und anregend wirkt, die Entschlußfreudigkeit unterstützt und für eine harmonische Ausgewogenheit zwischen Wollen und Können sorgt.

Heilwirkung: tonisierend; verdauungsanregend; gleicht allgemeine Schwächezustände aus; hilft bei Impotenz; verstärkt die Atemtätigkeit; appetitanregend; lindert rheumatische Schmerzzustände; wirkt gegen Übelkeit (Reisekrankheit); hat eine stimulierende, schweißtreibende, durchblutungsfördernde Wirkung; stimuliert Haut und Gewebe; verbessert die Sehkraft.

Karotte

Ein warmer, angenehm würziger Duft, der zu Heiterkeit und Optimismus anregt und damit die Vitalität und Lebensfreude steigert.

Heilwirkung: stimulierend; entschlackend; fördert die Bildung der roten Blutkörperchen; wirkt stark harmonisierend auf die Leber; regt den Lymphfluß an; heilsam bei Hautkrankheiten und Geschwüren; narbenbildend; macht die Haut elastisch, beugt der Faltenbildung vor, gibt die Spannkraft zurück und wirkt damit revitalisierend und straffend; beschleunigt die Hautbräunung.

Mandarine

Ein süßer, blumiger Duft, der den grauen Alltag auffrischt und erhellt, seelische Krisen schneller überwinden hilft und der Vitalität und Lebensfreude vermittelt.

Heilwirkung: antidepressiv; harmonisierend; erfrischend;

appetitanregend; entspannt die Muskulatur; hilft bei geistiger und körperlicher Überforderung; revitalisiert nach Krankheiten und seelischen Krisen; wirkt anregend auf die Verdauung; hilft bei Schlaflosigkeit. Sparsam dosieren!

Koriander

Ein würziger, sehr intensiver Duft, der das Gedächtnis stärkt, Kreativität und Selbstverwirklichung fördert und zur Wahrheitsliebe und Aufrichtigkeit anregt.

Heilwirkung: krampflösend; entspannend und stimulierend; appetitanregend; kreislaufstärkend; wirkt gegen nervöse Erschöpfung und Überforderung; verbessert das Denk- und Merkvermögen; reguliert Menstruationsstörungen; Aphrodisiakum.

Nicht während der Schwangerschaft verwenden!

GELB

Anis

Ein süß-würziger, sehr intensiver Duft, der eine fröhliche, heitere Stimmung fördert, negative Einflüsse von außen abhält und der gegen schwere Träume und tiefliegende Ängste sehr hilfreich ist.

Heilwirkung: lymphanregend; schleimlösend; wirkt gegen Blähungen und Krämpfe; fördert die Verdauung; lindert Menstruationsbeschwerden; hilft bei nervösen Beschwerden; unterstützt die Herztätigkeit.

Sehr sparsam dosieren und nicht innerlich einnehmen!

Bergamotte

Ein frischer, zitrusartiger, sonniger Duft, der zur Fröhlichkeit anregt, das Vertrauen in die eigenen Kräfte stärkt und damit Zuversicht und Gelassenheit vermittelt. Bergamotteöl fördert und stärkt die Leuchtkraft der Aura.

Heilwirkung: wirkt entgiftend; fördert die Bildung von Verdauungsenzymen; appetitanregend; hilft bei Akne, Ekzemen und

Psoriasis und fördert die Regeneration der Haut; hilft bei Depressionen und tiefliegenden Ängsten; erhöht die Aktivität und Zielstrebigkeit und fördert einen gesunden Ehrgeiz.

(Der "Earl Grey Tee" wird mit Bergamotteöl aromatisiert.) Sparsam dosieren!

Zitrone

Ein fruchtiger, erfrischender Duft, der eine energiereiche, vitale und zu vielerlei Aktivitäten anregende Stimmung vermittelt. Zitronenöl hilft bei Überanstrengung und Erschöpfung und wirkt stärkend und regenerierend.

Heilwirkung: appetitanregend; konzentrationsfördernd; erfrischend; hilft gegen Schwächeanfälle und Müdigkeitserscheinungen; fördert die Bildung der weißen Blutkörperchen; regt den Lymphfluß und die Blutzirkulation an; wirkt entschlackend, venenstärkend und blutbildend; erhöht die Aufmerksamkeit und Reaktionsfähigkeit. Sparsam dosieren!

Basilikum

Ein heller, frischer, leicht scharfer Duft, der die geistige Aufnahmefähigkeit fördert und zu innerer Klarheit und Merkfähigkeit verhilft.

Der Name Basilikum leitet sich vom Griechischen ab und bedeutet soviel wie "königliches Mittel".

Heilwirkung: anregend; stärkend; entgiftend; hilft gegen Übelkeit und Erbrechen; juckreizstillend; wirkt verjüngend und verleiht der Haut Glanz und Frische; fördert die Menstruation; hilft bei Schlaflosigkeit, nervlicher Überanstrengung, Depressionen und Melancholie; regt die Verdauung an; hilft bei Beschwerden im Magen-Darm-Trakt; fördert die Intelligenz und verbessert die Aufnahmefähigkeit und das Gedächtnis. Sehr sparsam dosieren!

Nicht während der Schwangerschaft verwenden!

Fenchel

Ein frischer, würzig-süßer Duft, ähnlich wie Anis, der Stabilität und Gelassenheit vermittelt und Gefühle der Zuwendung und Fürsorge anregt und stärkt.

Fenchel, eine der ältesten Heilpflanzen, wurde früher hauptsächlich dafür verwendet, um den "bösen Blick" und magische Einflüsse abzuwehren.

Heilwirkung: lymphanregend; straffend; schleimlösend; entkrampfend; entspannend; es regt hormonelle Funktionen an; wirkt gegen Übergewicht und Zellulitis; stärkt das Sehvermögen; reguliert den Feuchtigkeitsgehalt der Haut; beschleunigt den Stoffwechsel; hilft bei Blähungen, Übelkeit und Brechreiz; normalisiert den Menstruationszyklus; lindert Wechseljahrbeschwerden; stärkt den Muskeltonus; unterstützt die Elastizität der Haut und des Gewebes; hält den Kreislauf stabil; verzögert degenerative, altersbedingte Prozesse.

Lemongras

Ein zitronenartig milder Kräuterduft, der Dynamik und Vitalität vermittelt, angenehm erfrischt und eine optimistisch-heitere Stimmung fördert.

Heilwirkung: stoffwechselanregend; lymphanregend; wirkt gegen Müdigkeit und Konzentrationsschwäche; lindert Blähungen und Völlegefühl, harmonisiert die Talgproduktion der Haut (fette Haut, Akne); hat eine antiseptische Wirkung; vermittelt Schwung und Einsatzfreudigkeit sowie Ausdauer und gute Laune.

Limette

Ein leicht herber, frischer, zitronenähnlicher Duft, der aufheiternd und anregend wirkt und gute Stimmung und Schwung vermittelt.

Heilwirkung: konzentrationsfördernd; antiseptisch; regt die

Magenfunktion an und wirkt gegen Blähungen, erfrischend; regenerierend; strafft die Haut und das Bindegewebe.

Sparsam dosieren!

Eisenkraut (Verbena)

Ein frischer, süßer und sehr angenehmer Duft, der die Konzentration und das Denkvermögen steigert und einen klaren Blick für das Wesentliche fördert.

Heilwirkung: anregend; erfrischend; herzstärkend; wirksam gegen fette Haut (Akne); festigt das Bindegewebe; steigert den Muskeltonus; erhöht die Elastizität der Haut; hat eine antiseptische Wirkung; motiviert bei innerer Antriebslosigkeit und Lustlosigkeit; harmonisiert den Blutdruck und den Stoffwechsel.

Nicht während der Schwangerschaft verwenden!

GRÜN

Eukalyptus

Ein kühlender und stimulierender Duft, der eine klärende, bereinigende Wirkung ausstrahlt und der die Verbundenheit mit der Natur und mit dem Leben im allgemeinen fördert.

Heilwirkung: stark kühlend; fiebersenkend; adstringierend; lindert Rheuma und Muskelschmerzen; wirkt nervenberuhigend; stärkt die körpereigenen Abwehrkräfte; wirkt antiseptisch; hilft gegen unreine Haut, Akne und Schuppenbildung; fördert die Atemtätigkeit; hilft bei Husten, Bronchitis und Halsbeschwerden; steigert die Herz- und Stoffwechseltätigkeit.

Nicht pur verwenden, da sonst Hautreizungen auftreten können!

Fichtennadel

Ein frischer, kühler Waldduft, der kraftvoll und würzig ist, die Ruhe, Harmonie und Ausgeglichenheit fördert und Körper, Seele und Geist mit neuen Energien erfüllt.

Heilwirkung: antiseptisch; stoffwechselanregend; herzstärkend; nervenberuhigend; regenerierend; schleimlösend; wirkt anregend auf die Bronchien; lindert Erkältungskrankheiten, Husten und Bronchitis; löst Muskelverspannungen; hilft bei rheumatischen Beschwerden; stärkt den Mut und die Zuversicht und vermittelt damit Hoffnung und neue Lebenskraft.

Tea-Tree

Ein kräftig-frischer, kampferartiger Duft, der eine gemütsausgleichende, entspannende und revitalisierende Wirkung verbreitet, die Nerven beruhigt und den Blick für das Wesentliche schärft, wodurch sich neue Horizonte öffnen können.

Heilwirkung: antibakteriell; stärkt das Immunsystem und damit die körpereigenen Abwehrkräfte; wirksam gegen Erkältungen und Infektionen; entzündungshemmend (Pickel, Akne); aktiv gegen Pilze (z.B. Fußpilz): hilfreich gegen Warzen (einige Wochen lang täglich 1 Tropfen Öl darauftäufeln und mit Pflaster abdecken); auch bei Insektenstichen kann 1 Tropfen Öl pur aufgetragen werden. Sparsam dosieren!

Latschenkiefer

Ein intensiver, frischer, harziger Duft, der die Lebensenergie anregt und die Stabilität und Ausdauer sowie die Hoffnung und Zuversicht stärkt und fördert.

Heilwirkung: keimtötend; entzündungswidrig; schleimlösend; stoffwechselfördernd; schweißtreibend; vertieft die Atmung; hilft bei Bronchitis, Husten und Asthma.

Latschenkieferöl ist sowohl zur Reinigung verbrauchter Luft als auch als Badezusatz, zum Inhalieren oder als Saunaaufguß hervorragend geeignet.

Rosmarin

Ein würzig-anregender, kräftiger Duft, der die Sinne weckt, die Hoffnung stärkt, Gefühle großer, geistiger Klarheit hervorruft, das Erinnerungsvermögen aktiviert und zu Denkprozessen anregt.

Heilwirkung: antiseptisch; wundheilend; schweißtreibend; tonisierend; stärkt bei geistiger Überbelastung; konzentrationsfördernd und gedächtnisstärkend; hilft bei fetter, unreiner Haut; schmerzlindernd; stoffwechselanregend; harmonisiert den Blutdruck; hilft bei Asthma, Bronchitis und Husten; regt das zentrale Nervensystem stark an; wirkt bei Verdauungsstörungen und Blähungen.

Rosmarinöl ist ein hervorragendes, altbekanntes Pflegemittel für Haut und Haare.

Nicht während der Schwangerschaft verwenden!

Wacholderbeere

Ein würzig-herber, zypressenartiger Duft, der die Gefühlswelt besänftigt und Körper, Seele und Geist reinigt.

Wacholderbeeröl klärt die Atmosphäre in Krisenzeiten und schafft sowohl auf körperlicher als auch auf geistig-seelischer Ebene eine Entspannung und Erleichterung.

Heilwirkung: nervenstärkend; heilsame Wirkung auf die Atemwege; hilft bei Schlaflosigkeit und nervlicher Überbelastung; reguliert die Menstruation; harntreibend; adstringierend; antiseptisch; blutreinigend; entgiftend; hilft bei sehr langsam heilenden Hauterkrankungen, wie bei Ekzemen, Schuppenflechte, Dermatitis; wirkt bei Harnverhalten und Ödemen; stoffwechselanregend; lindert rheumatische Beschwerden, Gicht und Muskelverspannungen.

Bei akuten Nierenerkrankungen darf Wacholderöl nicht verwendet werden! Nicht während der Schwangerschaft anwenden!

Melisse

Ein klarer, zitrusähnlicher, milder Duft, der die innere Harmonie und Ausgewogenheit stabilisiert. Melissenöl fördert die Jugendlichkeit und verlangsamt den Alterungsprozeß. Es ist auch ein sehr wertvolles "Schutzöl" für die Aura, das die Lebensgeister stärkt und negative Einflüsse von außen abwehrt.

Heilwirkung: fiebersenkend; hilft bei Erkältungskrankheiten, Schlafstörungen, Bluthochdruck, Kopfschmerzen und Migräne; lindert Menstruationsbeschwerden; hilft bei nervlicher Überbelastung, bei Schock, Streß und Aggressionen; wirkt tonisierend und verdauungsfördernd; lindert Asthma und Husten; hat eine verjüngende Wirkung auf die Haut und verbessert das Hautbild bei Großporigkeit und Akne.

Melissenöl kann pur auf die Haut aufgetragen werden:

Minze

Ein frischer, leicht scharfer, energiefördernder Duft, der die Atmopshäre kühlt und reinigt, Wohlbefinden vermittelt, Mut und Selbstvertrauen schenkt, die Aufmerksamkeit erhöht und den Horizont erweitert.

Heilwirkung: wirkt stärkend auf den Verdauungstrakt; hilft gegen Übelkeit, Erbrechen, Kopfschmerzen und Migräne; schleimlösend (Asthma, Bronchitis und Husten); lindert Erkältungskrankheiten, Fieber und Neuralgien; juckreizstillend; nervenstärkend; konzentrationsfördernd, antiseptisch; schmerzlindernd; entzündungshemmend.

Das Öl der Minze kann pur aufgetragen werden!

BLAU

Thymian

Ein würziger, etwas herber Kräuterduft, der das Mitgefühl und die Hilfsbereitschaft fördert und der Zuversicht und Mut vermittelt.
Heilwirkung: desinfizierend; stark antiseptisch; tonisierend; ner-

venstärkend; harmonisiert den Blutdruck; lindert Nervenüberreizung und Angstzustände; hilft gegen Schlaflosigkeit; fördert die Heilung und Vernarbung von Wunden; wirksam bei Hautproblemen, Warzen, Furunkel, Verbrennungen; bekämpft Haarausfall; regt bei Entzündungen die Bildung der weißen Blutkörperchen an; hilft gegen Rheuma, Gicht und Arthritis; hilft bei Darmbeschwerden; lindert Erkältungskrankheiten, Bronchitis, Asthma und Halsentzündungen. Nicht während der Schwangerschaft anwenden.

Kamille

Ein warmer, sowohl beruhigender als auch stimulierender Duft, der zu einem ausgewogenen, inneren Gleichgewicht verhilft und die Verarbeitung von Ideen und Erfahrungen unterstützt.

Heilwirkung: entzündungshemmend; beruhigend; fiebersenkend; schmerzlindernd; antiseptisch; wirkt ausgleichend auf quälende Gedanken und überreizte Nerven; juckreizstillend; verdauungsfördernd; magenwirksam; hilft bei Augenentzündung, Hautproblemen und Entzündungen jeglicher Art; reguliert die Menstruation; hilft bei Zahnfleischbluten; wirkt bei Schlaflosigkeit; lindert Verbrennungen, behebt Übelkeit und Migräne.

Oregano

Ein herber, beruhigender Duft, der ausgleichend und wohltuend wirkt und der bei körperlicher und geistiger Überbeanspruchung eine große Hilfe darstellt.

Heilwirkung: antiseptisch; schmerzlindernd; schlaffördernd; entgiftend; beruhigend; hilft gegen Asthma, Bronchitis und Husten; wirkt anregend auf den Stoffwechsel; fördert die Menstruation; lindert psychosomatische Erkrankungen; hilft bei Hauterkrankungen, Ekzemen sowie bei Zellulitis; hat eine stark keimtötende Wirkung; ausgleichend bei Überbelastung, Nervenkrisen und Streß; ist eine wirksame Hilfe gegen vorzeitige Alterserscheinungen. Nicht während der Schwangerschaft verwenden!

Ysop

Ein leicht herber Kräuterduft, der die Konzentration fördert und das Nervensystem harmonisiert. Im Altertum wurde Ysop als das "heilige Kraut" gepriesen.

Heilwirkung: blutstillend; nervenstärkend; schleimlösend und daher wirksam bei Husten, Bronchitis und Asthma; fördert die Atmungstätigkeit; harmonisiert den Blutdruck; hat eine heilsame Wirkung auf die Augen, die Haut (Ekzeme, Wunden, Entzündungen) und unterstützt die Funktion der Lunge; stärkt das Herz und revitalisiert den Organismus nach Erschöpfungszuständen und langen Krankheiten. Nicht während der Schwangerschaft anwenden!

BLAU - VIOLETT

Jasmin

Ein exotischer, rosenähnlicher Duft, der reine, spirituelle Schwingungen verbreitet und sich hervorragend für Entspannung und Meditation eignet, da er die Phantasie und das Vorstellungsvermögen anregt und beflügelt.

Heilwirkung: wirkt leicht erotisierend; menstruationsfördernd; beeinflußt den weiblichen Hormonhaushalt; hilft bei Hautproblemen (Ekzeme, Dermatitis); fördert die Wehentätigkeit, erleichtert Geburtsschmerzen; hilft bei Angstzuständen und Depressionen; hat eine sinnlich-erotische Wirkung und harmonisiert die Gefühle bei Frigidität und Impotenz. Der Duft von Jasmin gilt als der "König der Düfte", während Rosenduft als die "Königin der Düfte" bezeichnet wird. Nicht innerlich einnehmen!

Salbei

Ein herb-frischer Kräuterduft, der die Atmosphäre klärt und reinigt und der sowohl eine anregende als auch eine ausgleichende Wirkung besitzt. "Salbei ist von unvergleichlicher Wirkung auf Kopf und Verstand; er belebt die Sinne und das Gedächtnis."

Heilwirkung: schweißhemmend; entschlackend; entkrampfend; entzündungshemmend; wundheilend; steigert die Abwehrkräfte, wirksam gegen Hauterkrankungen (Ekzem), Haarausfall, Zahnfleischbluten sowie gegen Schilddrüsenüberfunktion und Wechseljahrbeschwerden; gleicht hormonelle Störungen aus; hilft bei Stoffwechselstörungen; hat eine leberanregende Wirkung; bekämpft Halsschmerzen, Bronchitis und stärkt die Stimme (Sänger, Redner). Nicht innerlich einnehmen und nicht während der Schwangerschaft verwenden!

Lavendel

Ein milder, beruhigender Duft, der die Sinne öffnet und Ruhe, Harmonie und Gelassenheit fördert. Er besänftigt ein aufgewühltes Gemüt und lindert körperlichen und seelischen Schmerz.

Heilwirkung: antiseptisch; vernarbungsfördernd; wundheilend; beruhigend; stärkt das Immunsystem; wirkt entzündungshemmend auf Wunden; Ekzeme; Akne, Verbrennungen; hat eine verjüngende Wirkung auf die Haut und das Gewebe; wirkt gegen psychische Überbelastung, Kopfschmerzen, Migräne, Nervenschmerzen; senkt das Fieber; beseitigt Schlafstörungen; wirkt leberanregend; fördert die Gallentätigkeit und stimuliert die Funktion der Lunge; vermehrt die Bildung der weißen Blutkörperchen; aufsteigender Lavendeldampf hilft bei Überanstrengung und Entzündung der Augen. Lavendelöl kann pur auf die Haut aufgetragen werden!

Schafgarbe

Ein milder Kräuterduft, der zu Ordnung und Harmonie animiert und der in Zeiten des Umbruchs für Einsichten und für den "klaren Blick" sorgt.

Heilwirkung: stark entzündungshemmend; adstringierend; wundheilend; anregend auf Galle und Leber; reguliert die Menstruation; wirkt bei Entzündungen der Haut sowie bei Akne, Geschwüren, Hämorrhoiden und Zellulitis; lindert Beschwerden in den Wechseljahren; reguliert das weibliche Hormonsystem und wird deshalb als "Frauenheilmittel" bezeichnet; wirkt bei gereizter Kopfhaut und als Haarwuchsmittel; hält die innere Harmonie und Zuversicht aufrecht.

VIOLETT

Immortelle (Katzenpfötchen)

Ein holzig-herber Duft, der die innere Ausgewogenheit fördert und die Erlangung spiritueller Kräfte unterstützt. Dieses Öl gilt als "Schwellenöl" zwischen grob- und feinstofflicher Ebene. Es sollte mit Bedacht verwendet und sparsam dosiert werden, da es mitunter starke Emotionen und seelische Erregung auslösen kann.

Heilwirkung: unterstützt die Lymphtätigkeit und wirkt entgiftend, antiseptisch und fiebersenkend; fördert die Gallentätigkeit und wirkt anregend auf die Leber; hilfreich bei Hauterkrankungen (Ekzeme, Schuppenflechte und Durchblutungsstörungen) sowie gegen Husten und Bronchitis. Nicht innerlich einnehmen!

Galbanum (Mutterherz)

Ein würzig-herber Duft, der Ruhe und Gelassenheit vermittelt und innere Gefühle der Angst und Mutlosigkeit besänftigt (z.B. Hysterie oder Platzangst).

Heilwirkung: wundheilend; schleimlösend; menstruationsfördernd; regt die Funktion von Galle und Leber an; hilfreich gegen Drüsenschwellungen und bei Hautproblemen (Akne und Geschwüre).

Nicht innerlich einnehmen!

Cajeput

Ein milder, aber eindringlicher Duft, der ein Gefühl der Sicherheit, Zuversicht und des unerschütterlichen Gottvertrauens vermittelt, da er den feinstofflichen Bereich stark berührt und mit subtilen Energien erfüllt.

Heilwirkung: hilft bei Überbeanspruchung des Nervensystems; lindert Ohren- und Zahnschmerzen sowie Entzündungen der Nebenhöhlen und des Rachens; hilft bei Hautproblemen, Akne und Schuppenflechte; steigert die Konzentration und fördert die Erlebnisfähigkeit während der Meditation.

Myrte

Ein leicht herber, würzig-süßlicher Duft, der die Meditation wirkungsvoll unterstützen kann, da er Gelassenheit und Ruhe vermittelt, die Aura reinigt und ihre Leuchtkraft stärkt.

Bei den alten Griechen war das Öl der Myrte der Aphrodite geweiht.

Heilwirkung: antiseptisch; schmerzlindernd; es hat eine tonisierende und reinigende Wirkung auf die Haut, und hilft gegen Wunden, Geschwüre und Hämorrhoiden; lindert Erkrankungen im Hals-Nasen-Ohren-Bereich; wirksam gegen Husten und Schnupfen; antirheumatisch; beruhigend und harmonisierend bei innerer Angst und Unruhe; reinigt und klärt die Atmosphäre und wirkt ausgleichend auf Stimmungen und Gefühle.

Der Farb-Duft-Stern

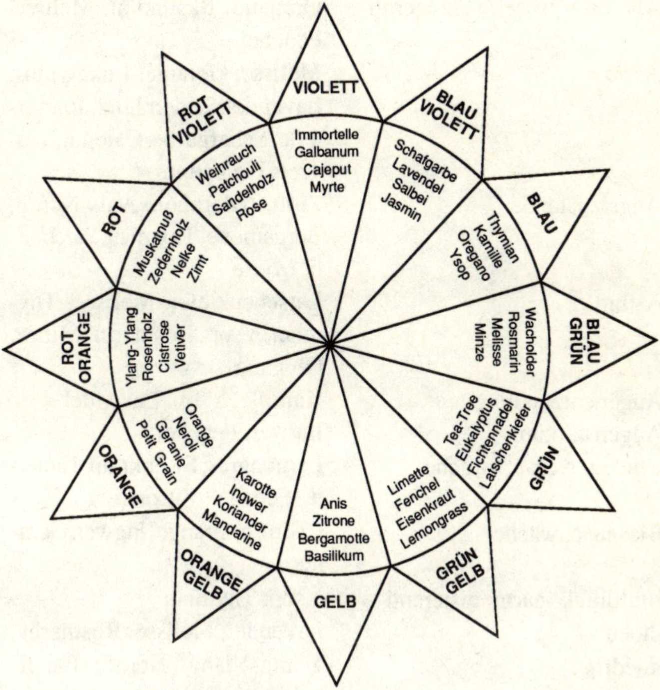

ROT VIOLETT

VIOLETT

BLAU VIOLETT

Weihrauch
Patchouli
Sandelholz
Rose

Immortelle
Galbanum
Cajeput
Myrte

Schafgarbe
Lavendel
Salbei
Jasmin

ROT

BLAU

Muskatnuß
Zedernholz
Nelke
Zimt

Thymian
Kamille
Oregano
Ysop

ROT ORANGE

BLAU GRÜN

Ylang-Ylang
Rosenholz
Cistrose
Vetiver

Wacholder
Rosmarin
Melisse
Minze

ORANGE

GRÜN

Orange
Neroli
Geranie
Petit Grain

Tea-Tree
Eukalyptus
Fichtennadel
Latschenkiefer

Karotte
Ingwer
Koriander
Mandarine

Anis
Zitrone
Bergamotte
Basilikum

Limette
Fenchel
Eisenkraut
Lemongrass

ORANGE GELB

GELB

GRÜN GELB

Indikationsliste der Duftöle

Abwehrkraft stärkend	Rose, Eukalyptus, Salbei, Tea-Tree, Ingwer, Lavendel
Alterungsprozeß verzögernd	Oregano, Basilikum, Melisse, Fenchel
Akne	Melisse, Geranie, Eukalyptus, Lavendel, Zedernholz, Immortelle, Schafgarbe, Cajeput, Tea-Tree, Galbanum
Angstzustände	Zimt, Zedernholz, Anis, Neroli, Bergamotte, Thymian, Patchouli, Myrte
Asthma	Latschenkiefer, Melisse, Thymian, Ysop, Rosmarin, Minze, Oregano
Augenentzündung	Kamille, Ysop, Lavendel
Augenstärkung	Ingwer, Fenchel
Bindegewebsschwäche	Lemongras, Eisenkraut, Limette, Fenchel, Zitrone
Blasenschwäche	Cistrose, Orange, Ingwer, Geranie
Blutdruck -harmonisierend	Ysop, Thymian
-hoch	Lavendel, Melisse, Rosmarin
-niedrig	Ylang-Ylang, Neroli, Basilikum
Bronchitis	Rosmarin, Salbei, Wacholder, Ysop, Latschenkiefer, Eukalyptus, Minze, Oregano, Thymian, Fichtennadel, Immortelle
Darmbeschwerden	Rosmarin, Thymian, Minze
Drepressionen	Petit Grain, Patchouli, Neroli, Mandarine, Ylang-Ylang, Basilikum

Durchblutung anregend	Nelke, Cistrose, Patchouli, Zimt, Immortelle
erotisierend	Neroli, Sandelholz, Rose, Patchouli, Nelke, Jasmin, Ylang-Ylang, Rosenholz
Ekzem	Zedernholz, Salbei, Wacholder, Lavendel
Entzündung	Schafgarbe, Minze, Rose, Thymian, Latschenkiefer, Kamille, Melisse, Tea-Tree
Energiemangel	Mandarine, Ysop, Eukalyptus, Koriander, Latschenkiefer, Zitrone, Eisenkraut
Erkältungskrankheiten	Zimt, Fichtennadel, Eukalyptus, Minze, Zitrone, Ingwer, Ysop, Tea-Tree
Erschöpfungszustände	Rosenholz, Koriander, Nelke, Zitrone, Ysop
Fieber senkend	Eukalyptus, Minze, Kamille, Lavendel, Melisse, Schafgarbe, Immortelle
Frigidität	Ingwer, Rose, Zimt, Ylang-Ylang, Jasmin, Nelke, Sandelholz, Patchouli
Frostbeulen	Eukalyptus
Galle anregend	Lavendel, Galbanum, Immortelle
Gedächtnis stärkend	Zitrone, Basilikum, Rosmarin, Koriander
Haarausfall	Thymian, Salbei, Rosmarin
Haarwuchs fördernd	Schafgarbe
Halsentzündung	Thymian, Salbei
Hämorrhoiden	Schafgarbe, Lavendel, Myrte
Haut glättend	Limette, Orange, Patchouli,

	Rose, Weihrauch, Geranie, Cistrose, Karotte, Schafgarbe, Rosmarin, Lemongras, Oregano, Thymian, Eukalyptus, Jasmin, Kamille
Hautprobleme	Karotte, Myrte, Galbanum, Immortelle
Haut regenerierend	Ingwer, Basilikum, Ylang-Ylang, Rosenholz, Orange, Lavendel, Fenchel, Wacholder, Patchouli, Sandelholz
Herz beruhigend	Rose, Ysop
Herz stärkend	Anis, Eisenkraut, Zitrone
Husten	Rosmarin, Melisse, Minze, Oregano, Ysop, Eukalyptus, Latschenkiefer, Fichtennadel
Impotenz	Ingwer, Zimt, Ylang-Ylang, Jasmin
Juckreiz stillend	Sandelholz, Minze, Basilikum, Lavendel
Konzentrationsschwäche	Cajeput, Lemongras, Limette, Rosmarin, Minze, Eukalyptus
Kopfschmerzen	Wacholder, Melisse, Minze, Lavendel, Kamille
Krampf lösend	Rosenholz, Cistrose, Neroli, Sandelholz, Rose, Koriander, Nelke
Kreislauf, -anregend	Zimt, Muskatnuß
-harmonisierend	Fenchel
Leber stärkend	Salbei, Lavendel, Galbanum, Immortelle
Lymphsystem anregend	Cistrose, Anis, Zitrone, Orchidee, Lemongras, Immortelle, Karotte

Magen anregend	Zimt, Muskat, Nelke, Weihrauch
Menstruation regulierend	Schafgarbe, Melisse, Jasmin, Kamille, Koriander, Wacholder, Basilikum, Zimt, Muskatnuß, Anis, Galbanum
Migräne	Wacholder, Kamille, Melisse, Minze, Lavendel
Milz anregend	Lemongrass, Fenchel
Muskelschmerzen	Eukalyptus, Mandarine, Rosmarin, Lavendel
Muskelschwäche	Muskatnuß, Eisenkraut, Fenchel
Nerven -beruhigend	Melisse, Ysop, Thymian, Oregano, Wacholder, Fichtennadel, Eukalyptus, Rosmarin, Galbanum
-stärkend	Zedernholz, Petit Grain, Rose, Geranie, Zimt
Nieren anregend	Cistrose, Geranie
Ödem	Wacholder
Rheuma	Ingwer, Muskatnuß, Thymian, Eukalyptus, Fichtennadel, Wacholder, Myrte
Regeneration fördernd	Fichtennadel, Jasmin, Melisse, Limette, Muskatnuß
Schilddrüsenüberfunktion	Salbei
Schlaflosigkeit	Oregano, Thymian, Neroli, Petit Grain, Kamille, Melisse, Wacholder, Basilikum, Orange, Zitrone, Mandarine
Schleimlösend	Weihrauch, Sandelholz, Zedernholz
Schmerzlindernd	Oregano, Rosmarin, Minze, Myrte

Schnupfen	Eukalyptus, Minze, Ysop, Lavendel, Myrte
Schuppenbildung	Lavendel, Eukalyptus
Schwangerschaftsstreifen -vorbeugend	Rosenholz, Limette, Eisenkraut
Schwellungen	Kamille, Lavendel, Melisse, Minze
Stoffwechsel harmonisierend	Eisenkraut, Fichtennadel, Wacholder, Eukalyptus, Lemongrass, Salbei
Übelkeit	Minze, Kamille, Ingwer
venenstärkend	Zitrone
Verbrennung	Thymian, Kamille, Lavendel
Verdauungsbeschwerden	Lemongrass, Wacholder, Kamille, Melisse, Minze, Ysop
Vergiftungserscheinungen	Wacholder
Wechseljahrbeschwerden	Fenchel, Salbei, Schafgarbe, Lavendel
Wunden -eiternd	Thymian, Jasmin, Galbanum, Lavendel, Ysop
-frische	Nelke, Cistrose, Patchouli, Geranie, Rose
Zahnfleischbluten	Kamille, Salbei, Schafgarbe, Thymian, Minze
Zahnfleischschwund	Sandelholz, Orange, Zitrone, Mandarine, Neroli, Geranie
Zahnschmerzen	Nelke, Muskatnuß, Cajeput
Zellulitis	Fenchel, Oregano, Zitrone, Sandelholz, Orange, Limette, Eisenkraut, Schafgarbe

Die praktische Anwendung der farbigen Duftöle

Duftlampe

Die farbigen Duftöle lassen sich sehr wirkungsvoll in den Alltag miteinbeziehen, wenn man sie in spezielle Duftlampen mit einem Wasserbehälter und einer Wärmequelle gibt, von wo aus die Düfte ihre aromatische Wirkung entfalten, indem sie sich im ganzen Raum ausbreiten und ihre Heilschwingungen übermitteln. Je nach Größe des Wasserbehälters verwendet man ungefähr 5 bis 15 Tropfen für eine Füllung. Nach Bedarf und Stimmung wählt man nun das passende Duftöl, wobei es auch möglich ist, mehrere Öle miteinander zu kombinieren. Dabei ist es wichtig, die farbliche Grundstimmung im Auge zu behalten, das heißt, nur solche Öle beizufügen, die farblich mit dem Basis-Öl harmonieren. Das bedeutet, daß dieses, wenn es beispielsweise gelb sein sollte, sehr gut mit anderen gelben Ölen "verstärkt" werden kann, wenn man eine besonders heitere, fröhliche und sonnige Stimmung vermitteln möchte, daß aber auch orange oder grüne Öle gute Kombinationsmöglichkeiten wären, wenn man "Dynamik" oder "Ausgewogenheit" mitschwingen lassen will. Der eigenen Phantasie und Kreativität sind beim Mischen der duftenden Öle keine Grenzen gesetzt, solange man darauf bedacht ist, daß sie in ihren Farbschwingungen harmonisieren. Nicht ratsam ist es, Öle zu vermischen, die sich im Farbkreis komplementär gegenüberstehen, da eine solche Kombination eine mindere Farbqualität aufweist. Dazu gehören:

Rot und Grün	=	Braun
Orange und Blau	=	Blauschiefer
Gelb und Violett	=	Oliv

Diese 3 Farben Braun, Blauschiefer und Oliv sind Mischfarben 2. Grades und werden als Tertiär- oder Hüllfarben bezeichnet. Sie bringen mindere Farbqualitäten zum Ausdruck und sind deshalb

für die Farbtherapie nicht geeignet. *Die goldene Regel des Mischens lautet:*

Man wählt seinen Lieblingsduft in der Farbe, die für den jeweiligen Anlaß gerade benötigt wird.

Rot - zur Steigerung der Vitalität, der Arbeitsfreude, der Sinneslust

Orange - zur Steigerung der Lebensfreude, der Herzlichkeit, zarter Gefühle und verfeinerter Genüsse

Gelb - zur Aufheiterung, für eine gelöste, angeregte und fröhliche Unterhaltung, zur Unterstützung geistiger Arbeit

Grün - für eine erholsame, ausgeglichene und harmonische Stimmung

Blau - zum Genießen einer "blauen Stunde", die das Gemüt besänftigt, oder zur Unterstützung eines erholsamen Schlafes.

Violett - zum Träumen, zur Steigerung spiritueller Kräfte oder zur Unterstützung während der Meditation.

Mit Hilfe der farbigen Duftöle kann man seiner unmittelbaren Umgebung oder einem besonderen Anlaß eine persönliche Note sowie eine individuelle Atmosphäre verleihen und damit eine heitere, gelöste, harmonische oder angeregte Stimmung herbeizaubern, die von ganz besonderem Reiz sein kann.

Riechsalz

Die Idee, Düfte in Salz einzubetten, kam mir aus einem ganz einfachen Grund.

Nachdem ich mit den Duftölen zu experimentieren begann, entdeckte ich sehr schnell meine große Liebe zu ihnen. Sobald ich jedoch unterwegs war und auf Reisen ging, konnte ich mich einfach nie entschließen, welches meiner Lieblingsöle mich begleiten sollte. Da Ölfläschchen in einer Handtasche außerdem immer eine gewisse Gefahr bedeuten, verzichtete ich vernünftigerweise lieber auf meine Düfte, bis ich eines Tages während einer Meditation spontan die Lösung dieses Problems fand. Ich "kreierte" meine Riechsalze - und war ganz begeistert von dem

Ergebnis. Genau auf meine Bedürfnisse abgestimmt und in jeweils passende, farbige Fläschchen gefüllt, sind sie nicht nur für die Nase, sondern auch für das Auge eine Wonne. Seither haben meine farbigen Riechsalze so viel Interesse und Begeisterung ausgelöst, daß ich es nicht versäumen möchte, Ihnen, meine lieben Leser, meine Rezepte weiterzugeben und Ihnen damit ebensoviel Freude wie auch Erfolg zu wünschen.

Die Herstellung ist ganz einfach:

Man füllt trockenes Meersalz in ein passendes Fläschchen oder in eine Glasschale, wenn man einen Raum mit diesem Duft anreichern möchte - und gibt einige Tropfen seiner Lieblingsdüfte dazu, die farblich aufeinander abgestimmt sind. Dabei ist es ratsam, nicht mehr als 3 verschiedene Düfte miteinander zu kombinieren, wie mir die Erfahrung gezeigt hat. Ich persönlich bevorzuge ein Mischverhältnis, das der magischen Zahl 15 entspricht, das heißt - von 3 verschiedenen Ölen je 5 Tropfen - von einem Öl 15 Tropfen - oder 2 Öle, die zum Beispiel im Verhältnis 8 zu 7 Tropfen gemischt werden können. Hier gibt es jedoch keine starren Regeln und Vorschriften.

Der eigenen Intuition stehen alle Türen und Tore offen!

Verlassen Sie sich bei der Auswahl der duftenden Öle immer auf Ihre Nase und hören Sie dabei auf Ihre innere Stimme, denn die sagt Ihnen ganz genau, welche Duftschwingungen Sie gerade brauchen, um Körper, Seele und Geist in Einklang zu bringen und damit innere Ausgewogenheit, Harmonie und Wohlbefinden zu erlangen.

Zur Anregung finden Sie hier eine kleine Auswahl meiner Rezepte:

Riechsalz mit roten Farbschwingungen:
5 Tropfen Nelke, 5 Tropfen Rosenholz
5 Tropfen Rose (auf einen gehäuften Eßlöffel Meersalz)

Riechsalz mit orangen Farbschwingungen:
8 Tropfen Neroli, 5 Tropfen Mandarine, 2 Tropfen Petit Grain

Riechsalz mit gelb/grünen Farbschwingungen:
6 Tropfen Fenchel
6 Tropfen Anis
3 Tropfen Eukalyptus

Riechsalz mit blauen Farbschwingungen:
5 Tropfen Thymian
5 Tropfen Kamille
5 Tropfen Minze

Riechsalz mit violetten Farbschwingungen:
5 Tropfen Jasmin
5 Tropfen Myrte
5 Tropfen Weihrauch

Auch das Riechfläschchen ist ein wertvoller, farbiger Energie-spender. Es verströmt subtile Schwingungen, die den feinstoffli-chen Ätherkörper durchfluten, energetisch beeinflussen und har-monisieren, indem sie ihm anregende oder beruhigende Informa-tionen übermitteln. Dadurch wird die Aura gestärkt, die inneren Lichtkräfte aktiviert, die Gefühle und Gedanken gelangen in ruhigere, ausgeglichene Bahnen - Lebensfreude und Wohlbefin-den stellen sich bald wieder ein.

Es gibt eine Vielfalt von Anwendungsmöglichkeiten für das Riech-fläschchen:

Eukalyptus	stärkt das Immunsystem
Fenchel	stabilisiert das Gefühlsleben
Neroli u. Melisse	stärken die Aura, sind "Schutzöle"
Bergamotte	aktiviert innere Lichtkräfte
Patchouli u. Latschenkiefer	verhelfen zu einer besseren Er-dung und Stabilität
Wacholder	klärt das Gefühlsleben
Jasmin	reinigt die Atmosphäre
Rose	öffnet das Herz

- und das sind nur einige wenige Beispiele.

Gestalten Sie Ihr Riechfläschchen nach Ihren Wünschen und Bedürfnissen. Ich versichere Ihnen, daß Sie es sehr bald als Ihren ständigen Begleiter bei sich tragen werden und nicht mehr entbehren wollen!

Duftöle mit Edelsteinen

Auch dieser Tip beruht auf einer intuitiven Eingebung, die ich erhalten habe und die sich mittlerweile allgemein großer Beliebtheit erfreut. Die Grundregel ist auch hier dieselbe wie bei der vorigen Anregung, nämlich daß die Farbschwingungen der kombinierten ätherischen Öle harmonisch auf einen Grundton abgestimmt werden. Zusätzlich wird das Duftöl jedoch noch mit farblich passenden Edelsteinen angereichert, was die Intensität der Farbschwingung und damit auch die daraus resultierende Heilenergie verstärkt und gleichzeitig die Wirkung erhöht. Zur äußerlichen Anwendung werden die ätherischen Öle mit fetten Ölen, die als Trägersubstanz dienen, vermischt. Folgende kosmetische Öle sind dafür besonders gut geeignet: Jojobaöl, Aprikosenkernöl, Avocadoöl, Karottenöl, Mandelöl, Nachtkerzenöl, Pfirsichkernöl, Weizenkeimöl und Sonnenblumenöl.

Meine bevorzugten Edelsteine für die Duftöle sind folgende: Rot - Granat, Orange - Karneol, Gelb - Citrin, Grün - Jade, Blau - Türkis, Sodalith, Indigo - Dunkelblauer Sodalith, Violett - Amethyst sowie Bergkristall und Rosenquarz.

Auf 50 ml Trägeröl nehme ich 24 Tropfen Duftöl.

Auch die Duftöle bewahre ich in farblich jeweils passenden Fläschchen auf und stelle sie von Zeit zu Zeit in das Pyramidenmodell, welches der Farbe entspricht (siehe Seite 80/81). Damit hat man hervorragende Faböle zur Verfügung, die man sowohl als Badezusatz und als Körperöl als auch für Massagen oder als farbliche, duftende Verfeinerung einer Gesichtspackung verwenden kann. Die Anzahl der Edelsteine ist beliebig - 8 Stück genügen jedoch.

Anregendes Duftöl mit Karneol und Bergkristall (Orange)
10 ml Karottenöl
20 ml Sonnenblumenöl
20 ml Weizenkeimöl
8 Tropfen Neroli
8 Tropfen Geranie
8 Tropfen Rosenholz

Erfrischendes Duftöl mit Jade (Grün)
25 ml Jojobaöl
25 ml Avocadoöl
8 Tropfen Fenchel
8 Tropfen Eukalyptus
8 Tropfen Minze

Duftöl gegen Zahnfleischbluten mit Sodalith und Amethyst (Blau - Violett)
50 ml Sonnenblumenöl "kaltgepreßt"
6 Tropfen Thymian
6 Tropfen Kamille
6 Tropfen Lavendel
6 Tropfen Salbei

Mit diesem Öl spült man täglich 2mal, etwa 3 Minuten lang, kräftig den Mund. Das Öl, das durch das gründliche Spülen toxische Stoffe aus den Zahnzwischenräumen und der Mundhöhle aufnimmt, darf nicht geschluckt werden. Danach spült man den Mund mit warmem Wasser, dem man 2 Tropfen Heilpflanzenöl beigegeben hat, ordentlich nach.

Die elektromagnetische Strahlung der Edelsteine liegt im Frequenzbereich der Schwingungen natürlicher Körperzellen, deshalb haben sie eine regulierende und harmonisierende Wirkung auf den gesamten Organismus. Die Edelsteine bewirken also eine Aufladung oder Entladung gestörter Zellverbände und verhelfen diesen damit wieder zu ihrem natürlichen Schwingungsrhythmus. Folgende Edelsteine sind für die Duftöle außerdem noch gut geeignet:

ROT	Achat, Blutjaspis, Rote Koralle, Rhodonit
ORANGE	Oranger Jaspis, Koralle
GELB	Bernstein, Gelber Jaspis, Tigerauge, Rutilquarz
GRÜN	Malachit, Turmalin, Chrysopras
BLAU	Chalcedon, Chrysokoll, Lapislazuli
INDIGO	Azurit
VIOLETT	Fluorit, Violetter Quarz.

Die Aromatherapie ist eine ganzheitliche Behandlungsmethode, die Körper, Geist und Seele gleichermaßen anspricht. Ihr Ursprung reicht sehr weit zurück, denn sie wurde schon vor Tausenden von Jahren ausgeübt und gehört somit zu den ältesten Heilmethoden in der Menschheitsgeschichte. Die hier angegebenen Rezepte sind nach gründlichen Studien von mir erarbeitet und erprobt worden. Falls Sie jedoch selbst mit ätherischen Ölen experimentieren möchten, so darf ich Ihnen den wohlgemeinten Rat geben, sich vorher unbedingt mit den notwendigen Grundkenntnissen auszurüsten, um keine unnötigen Enttäuschungen zu erleben oder vermeidbare Schäden anzurichten, wie zum Beispiel Hautreizungen, die durch eine zu hohe Dosierung auftreten könnten. Wenn man allerdings gewisse Voraussetzungen kennt und notwendige Regeln beachtet, dann ist die Aromatherapie ein wahrer Segen und eine unschätzbare, natürliche Hilfe, die uns von der Natur gegeben ist.

Abschließend noch eine kleine Anmerkung zu den Edelsteinen: Wenn das Duftöl verbraucht ist, spült man die Edelsteine unter warmem Wasser gut ab, trocknet sie ab und legt sie dann für 24

Stunden in Meersalz, mit dem man sie ganz bedeckt. Danach spült man sie unter fließendem, kaltem Wasser einige Minuten lang ab und legt sie ans Licht - an die Sonne. Nach 8 Tagen sind die Edelsteine mit neuen Lichtenergien aufgeladen und damit für einen weiteren Einsatz bereit.

Als Hinweis möchte ich noch hinzufügen, daß man kleine Edelsteine schon sehr preiswert, gemischt oder sortiert, in Mineralienhandlungen und Hobby-Läden erhalten kann.

Farb-Duft-Öle für die Chakren

Die 7 Chakren bewirken im Ätherkörper eine Umwandlung von geistiger in materielle Energie und erhalten das Leben des physischen Körpers, indem sie ihm die Vitalenergie "Chi" zuführen. Diese Energie verläuft entlang einer Kraftlinie durch einen Kanal, über den alle 7 Chakren und die ihnen jeweils zugehörigen Drüsen miteinander verbunden sind. Die Energieschwingungen der Farb-Duft-Öle sind in der Lage, Blockaden in den einzelnen Chakren zu lösen und damit die Lebensenergie zu reharmonisieren und zu aktivieren.

Anwendung der Chakra-Öle

Man tupft je einen Tropfen der benötigten Ölkombination auf die Pulsadern und reibt beide Arme aneinander. Dann atmet man den Duft in tiefen, regelmäßigen Zügen ein und visualisiert dabei die jeweils entsprechende Farbe, die man mit jedem Atemzug gleichzeitig einatmet und in sich aufnimmt. Man kann zusätzlich auch die einzelnen Körperstellen und die Reflexzonen an den Füßen, die den 7 Chakren entsprechen, mit einem Tropfen des zugehörigen Chakra-Öls massieren (siehe Seite 76). Um herauszufinden, welches Chakra einen Energieausgleich benötigt, gibt es verschiedene Möglichkeiten. Einen sehr deutlichen Hinweis gibt meistens die eigene Nase, die einem sehr genau sagt, zu welchem Duft man sich im Augenblick hingezogen fühlt und damit auch, welche Farbschwingung in der jeweiligen Situation erforderlich ist. Eine weitere, sehr gut geeignete Möglichkeit ist der kinesiologische Muskeltest, der zum Herausfinden der passenden Öl-Kombination angewendet werden kann. Für diese Methode braucht man jemanden, der einem dabei hilft. Die "Testperson" steht aufrecht, läßt den rechten Arm hängen und streckt den linken Arm waagerecht zur Seite. Der Helfer steht davor, legt seine linke Hand auf die rechte Schulter und seine rechte Hand auf das linke, ausgestreckte Handgelenk seines Gegenübers und drückt dessen linken Arm zügig nach unten, wobei die Testperson jeweils eines der gefragten Farb-Duft-Öle in der ausgestreckten, linken Hand hält. Wird ein Öl nicht benötigt, so läßt sich der linke Arm der Testperson leicht hinunterdrücken.

Ist eines der Öle jedoch zur Stärkung des Energiekörpers erforderlich, so bietet der Arm der Testperson einen deutlich spürbaren Widerstand. Damit ist der Beweis gegeben, daß zwischen dem Organismus und dem getesteten Öl eine Resonanzwirkung besteht, die eine Anwendung desselben als sinnvoll erscheinen läßt. Um eine wirkungsvolle Behandlung durchführen zu können, muß immer eine dementsprechende Resonanz zwischen den Molekularstrukturen von "Geber" und "Empfänger" vorhanden sein, um ein deutliches Echo auslösen zu können, das sich dann in Form von Regeneration oder Heilung des Organismus ausdrückt. Auch das Pendel ist dazu geeignet, bei der Auswahl der Öle zu helfen und die richtige Entscheidung treffen zu lassen. An dieser Stelle gestatten Sie mir bitte, als erfahrene, vielfach geprüfte und geläuterte Pendlerin, ganz deutlich auf die hohen Anforderungen hinzuweisen, die mit brauchbaren Ergebnissen eng verbunden sind und auch die geistigen Gefahren anzusprechen, die damit Hand in Hand gehen. Es ist eine hohe Verantwortung, die man mit der Ausübung des Pendelns, welcher eine selbstlose, helfen-wollende Motivation zugrunde liegen sollte, übernimmt.

"Wer sich nicht einstellen kann auf das Ewige in den Dingen, wer nicht durch fortwährende Übung und Selbstzucht das Sonnige in sich zu erzeugen vermag, der wird zerrieben in diesen Kleinmenschlichkeiten." (Lienhard)

Ich denke, dieser Satz drückt sehr deutlich aus, was ich mit meinem Hinweis sagen wollte.

Nun übergebe ich Ihnen die Rezepte meiner Chakra-Farb-Duft-Öle und möchte hinzufügen, daß diese als Anregung verstanden werden mögen, da es letztlich immer jedem selbst vorbehalten bleibt, seine Duft-Favoriten auszuwählen und zusammenzustellen. Wichtig ist dabei nur, die jeweiligen Farbschwingungen zu beachten und harmonisch in Einklang zu bringen und mit den farblich entsprechenden Edelsteinen, die ebenfalls nach eigenem Empfinden gewählt werden können, zu ergänzen. Farblich passende Fläschchen kann man sich mit selbstklebender Farbfolie sehr leicht selbst herstellen.

Anregung zur Herstellung von Chakra-Ölen:

1. Wurzel-Chakra
(Farbe - Rot, Edelstein - Granat)
10 ml Basisöl, z. B. Weizenkeimöl
2 Tropfen Zedernholz
2 Tropfen Nelke
2 Tropfen Zimt
2 Tropfen Muskat

2. Sakral-Chakra
(Farbe - Orange, Edelstein - Karneol)
10 ml Basisöl, z. B. Karottenöl oder Aprikosenkernöl
2 Tropfen Orange
2 Tropfen Geranie
2 Tropfen Neroli
2 Tropfen Petit Grain

3. Solarplexus-Chakra
(Farbe - Gelb, Edelstein - Citrin)
10 ml Basisöl,
z. B. Sonnenblumenöl "kaltgepreßt"

2 Tropfen Anis
2 Tropfen Zitrone
2 Tropfen Bergamotte
2 Tropfen Basilikum

4. Herz-Chakra
(Farben - Grün/Rosa, Edelsteine -
Jade/Rosenquarz)
10 ml Basisöl, z. B. Mandelöl
3 Tropfen Eisenkraut
3 Tropfen Fenchel
2 Tropfen Fichtennadel

5. Hals-Chakra
(Farbe - Blau, Edelsteine -
Türkis/Sodalith)
10 ml Basisöl, z. B. Jojobaöl
2 Tropfen Melisse
2 Tropfen Minze
2 Tropfen Thymian
2 Tropfen Oregano

6. Stirn-Chakra
(Farbe - Indigo, Edelsteine - indigofarbener Sodalith/
 Bergkristall)
10 ml Basisöl, z. B. Nachtkerzenöl
4 Tropfen Jasmin
4 Tropfen Lavendel

7. Scheitel-Chakra
(Farbe - Violett; Edelsteine - Amethyst/Bergkristall)
10 ml Nachtkerzenöl
5 Tropfen Cajeput
2 Tropfen Immortelle
1 Tropfen Weihrauch

Die 7 Energiezentren und ihre Reflexzonen an den Füßen

1. Das Wurzel-Chakra wirkt mit der roten Farbenergie auf die Nebennieren.
2. Das Milz-Chakra wirkt mit der orangen Farbenergie auf die Keimdrüsen.
3. Das Sonnengeflecht-Chakra wirkt mit der gelben Farbenergie auf die Bauchspeicheldrüse.
4. Das Herz-Chakra wirkt mit der grünen Farbenergie auf die Thymusdrüse.
5. Das Hals-Chakra wirkt mit der blauen Farbenergie auf die Schilddrüse.
6. Das Stirn-Chakra wirkt mit der indigoblauen Farbenergie auf die Hirnanhangdrüse (Hypophyse).
7. Das Kronen-Chakra wirkt mit der violetten Farbenergie auf die Zirbeldrüse (Epiphyse).

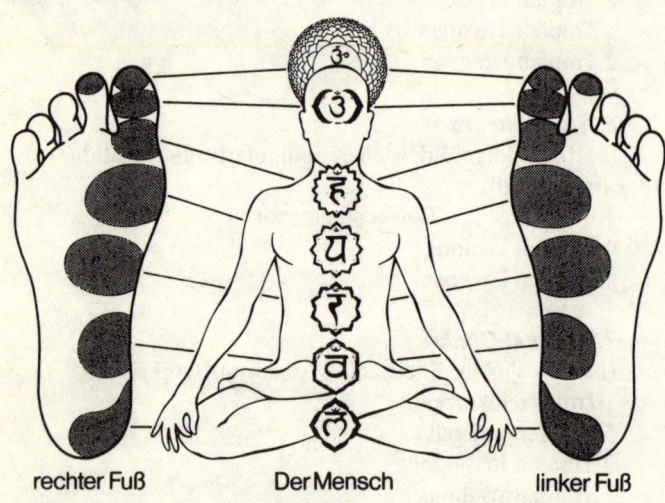

rechter Fuß Der Mensch linker Fuß

Abb. aus "Das Chakra-Handbuch" von Shalila Sharamon u. Bodo J. Baginski, Windpferd Verlag, Aitrang, 18. Auflage 1992

Die Pyramide

Kein anderes Bauwerk hat jemals so viel Aufmerksamkeit und Bewunderung erregt wie die Pyramide - eines der 7 Weltwunder der Antike.

Mit ihrer gewaltigen, unergründlichen Schatzkammer ist sie bis in unsere heutige Zeit ein Wunderwerk geblieben. Archäologen schätzen, daß 100 000 Arbeiter 30 Jahre lang an diesem "Haus der Ewigkeit", wie die Cheops-Pyramide genannt wird, gebaut haben.

Sie steckt voller Rätsel, da in ihr eine ganz besondere Planung herrscht, die das Geheimnis aller universellen Energien beinhaltet und die deshalb als "Urkraft aller lebender Dinge" bezeichnet wird.

Tatsächlich kann die Pyramide mit keinem anderen Bauwerk verglichen werden, da in ihrem Inneren physikalische Gesetze wirksam sind, die sich auf ihre Winkel zurückführen lassen.

Das Wort Pyramide ist griechischer Abstammung und bedeutet: IM ZENTRUM BEFINDLICHES FEUER.

Feuer war nach der antiken Lehre die Universalenergie, die alles Leben mit ihrer Kraft durchdringt. in einer alten, ägyptischen Überlieferung heißt es im Zusammenhang mit der Pyramide: "Die Pläne wurden vom Himmel herabgesandt."

Ein weiterer, bemerkenswerter Hinweis ist der, daß die Spitze der Pyramide ursprünglich deshalb nicht vollendet wurde, weil die Menschen die Auffassung vertraten:

"Nur Gott ist vollkommen."

Es gibt heute schon genaue Informationen darüber, welche Ursachen und Auswirkungen in einer Pyramide zu finden sind, und es sind sehr ausgeprägte und nachhaltige Eindrücke, über die Menschen berichten, die sich einmal für längere Zeit in einer Pyramide aufgehalten haben, wobei auch die Tatsache interessant ist, daß im Inneren eines solchen Bauwerks eine stets gleichbleibende Temperatur vorhanden ist - sowohl im Sommer als auch im Winter.

Das ist nur deshalb möglich, weil hier eine ganz spezielle, kosmische Energie vorherrscht, die mit normaler Intelligenz nicht faßbar ist und die nur im Zusammenhang mit kosmischen Gesetzen eine Erklärung finden kann.

Gesundheit durch Pyramidenenergie

Die alten Chinesen lehrten schon, daß der Mensch dann gesund und lebensfroh ist, wenn seine inneren Schwingungsvorgänge harmonisch zirkulieren.

Die von der Pyramide erzeugten oder verstärkten elektromagnetischen Energien sind in der Lage, den Stoffwechsel der Zellen und der magnetischen Stoffe im Blut stark anzuregen, wodurch das Hämoglobin in den Blutkörperchen wieder aktiver wird und womit die Zirkulation der Lymphe eine Unterstützung erfährt.

Kein Krankheitserreger kann in der Nähe eines hochgeladenen, roten Blutkörperchens überleben!

Elektromagnetische Kräfte haben einen großen Einfluß auf die Schwingungen des Gewebes und sind damit in der Lage, den Organismus rhythmisch anzustoßen, um ihm so wieder in seine Eigenrhythmik zurückzuverhelfen, wenn diese aus dem Gleichgewicht geraten ist. Energiestrukturen, so wie sie in der Pyramide verstärkt erzeugt werden, lassen sich auf organische Stoffe übertragen und wirken auf diese Weise gesundheitsfördernd und heilend, weil die aus der Schwingung geratenen Zellen wieder harmonisiert werden können und so eine Regeneration erfahren.

Heilungsprozesse mit Pyramidenenergie sind bereits wissenschaftlich dokumentiert, und es wurde damit bewiesen, daß es in der Atmosphäre ein Energiefeld gibt, dessen Kräfte gesammelt und so gelenkt werden können, daß sie chemische Vorgänge im Körper unterstützen und ihn dadurch regenerieren können.

Es wurden bereits vielfache Versuche mit Pyramidenmodellen

gemacht, die in der Fachliteratur eindrucksvoll beschrieben worden sind. Grundsätzlich konnte durch die Pyramidenenergie Heilung, Linderung, Regeneration, eine erhöhte Konzentrationsfähigkeit und eine enorme Bewußtseinssteigerung - sowie vieles andere mehr - bewirkt werden, was sich auf das Vorhandensein kosmischer Energien in der Pyramide zurückführen läßt. Wie bei allen kosmischen Phänomenen, die mit dem bloßen Verstand nicht faßbar sind, erweist sich auch im Zusammenhang mit der Heilkraft der Pyramide folgende Erklärung von Hippokrates als richtungsweisend:

"Es gibt keine andere Autorität als die Fakten. Nur aus Fakten können letztendlich Schlußfolgerungen gezogen werden."

Anwendung der Pyramidenenergie

Nachdem ich mich jahrelang mit dem Phänom "Pyramidenenergie" auseinandergesetzt habe und viele wichtige Erkenntnisse gewinnen konnte, machte ich mir ernsthafte Gedanken darüber, wie ich dieses Wissen umsetzen und für therapeutische Zwecke zum Wohle und Nutzen vieler verwerten könnte.

"Grundsätzlich bewirkt die Pyramidenenergie eine positive Aufladung des lebenden Organismus."

Diesen Satz aus der Fachliteratur beschäftigte mich sehr, denn ich erblickte darin ein gewaltiges Licht der Hoffnung für viele. Verbunden mit dem in mir immer wieder übermächtig werdenden Wunsch, helfen zu können, habe ich eine Bestrahlungslampe in Pyramidenform entwickelt und mittlerweile im Einsatz.

Erstaunliche Resultate haben sich mir damit in der Zwischenzeit offenbart.

Ein angenehmes, tief innen empfundenes Wärmegefühl, das bis zum nächsten Tag anhält, ist eines der wesentlichen Kriterien für mich, zumal an der Hautoberfläche keine nennenswerte Temperaturerhöhung festzustellen ist.

Damit ist ein Anfang gemacht worden.

Mein großes Anliegen ist es, eine Resonanz auszulösen, damit sich neue Wege auftun, um der Pyramidenenergie zum Durchbruch zu verhelfen, auf daß sie unter den natürlichen, humanen Heilmethoden ihren Platz einnehmen kann. Die Zukunft wird beweisen, daß wir damit auf dem richtigen Weg sind!

Pyramidenenergie kann man sich auch mit Hilfe eines Pyramidenmodells jederzeit nutzbar machen. Dieses läßt sich in allen Farben des Regenbogenspektrums anfertigen und bietet die Möglichkeit, sowohl Farb- als auch Pyramidenenergie miteinander zu kombinieren. Auf diese Weise lassen sich sowohl Duftöle als auch Cremes, Lotionen oder Gesichtspackungen energetisch bereichern und wirkungsvoller gestalten.

Das Pyramidenmodell

Anleitung:

Kopieren Sie dazu die Schablone des Pyramidenmodells (Seite 81) und vergrößern Sie diese mit dem Kopierer auf ein Format von DIN A4 oder noch größer, wenn Sie es wünschen.

Übertragen Sie diese Schablone nun auf Farbkarton oder Farbfolie, wobei es eine Erleichterung bedeutet, wenn diese selbstklebend ist, weil man sie dann gleich auflegen und von beiden Seiten bekleben kann.

Nun faltet man die 4 Kanten und klebt die beiden offenen Seiten aneinander.

Die obere Öffnung des Pyramidenmodells wird mit einem Stück lichtdurchlässiger Folie in der gewünschten Farbe abgedeckt. Das Pyramidenmodell muß vor Gebrauch immer "eingenordet" werden, das heißt, daß man mit einem Kompaß die Nord-Süd-Achse bestimmt und eine Basisseite in diese Richtung bringt, wie die Abbildung zeigt.

Pyramidenmodell

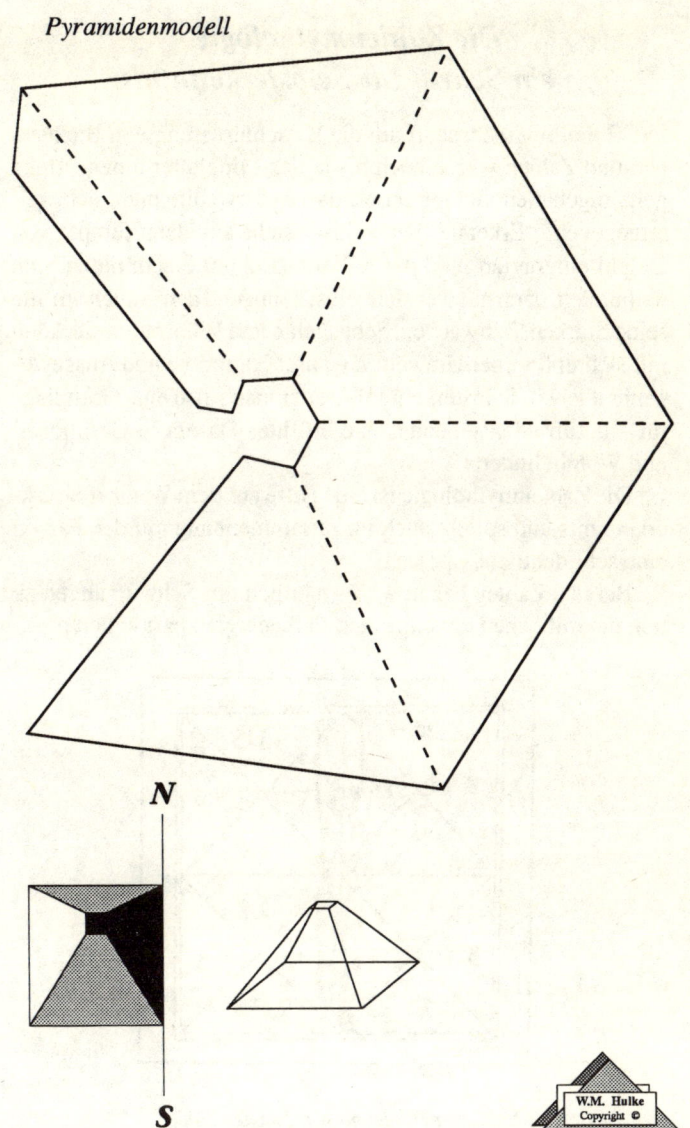

N

S

Die Zahlenmythologie -
ein Schritt zur Selbsterkenntnis

Die Geheimwissenschaft um die Entschlüsselung von Buchstaben und Zahlen wurde noch bis in das Mittelalter hinein streng geheimgehalten und nur an wenige Auserwählte mündlich weitergegeben. "Erkenne dich selbst" steht auf dem Tempel von Delphi eingraviert, und diese Worte sind mit einem tiefen Sinn verbunden, denn nur wer sich selbst kennt und damit auch um alle seine Stärken, Schwächen, Sehnsüchte und Wünsche weiß, kann mit sich und seiner Umwelt in wahrer Harmonie und Ausgewogenheit leben. Selbsterkenntnis ist demnach also eine Grundlage für ein zufriedenstellendes und erfülltes Dasein in Gesundheit und Wohlbefinden.

Die Zahlenmythologie ist eine Hilfe auf dem Weg zur Selbsterkenntnis und spricht auch im Zusammenhang mit den Farben eine sehr deutliche Sprache.

Bei den Zahlen haben wir es nämlich mit Schwingungen zu tun, die mit denen der einzelnen Farbenergien harmonieren.

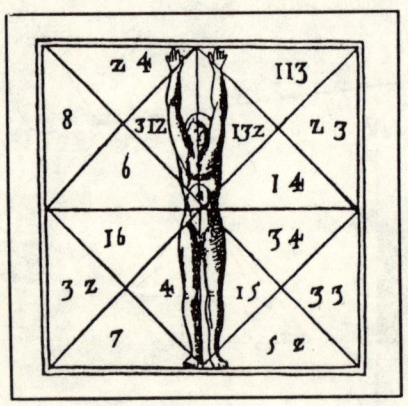

Der Mensch als Maß aller Dinge im Kraftfeld der Zahlen

1 harmoniert mit ROT
2 harmoniert mit ORANGE
3 harmoniert mit GELB
4 harmoniert mit GRÜN
5 harmoniert mit BLAU
6 harmoniert mit INDIGO
7 harmoniert mit VIOLETT
8 harmoniert mit SILBER
9 harmoniert mit GOLD

Numerologie

Ein hervorragender Numerologe seiner Zeit war der normanni-
sche Edelmann Graf Louis Hamon, der um die Jahrhundertwende
lebte und der ein enormes Wissen auf diesem mystischen Gebiet
besaß. Seine überragenden Erkenntnisse erwarb er sich bereits in
jungen Jahren, indem er umfangreiche Reisen in den Nahen und
Fernen Osten unternahm und dabei die okkulten Traditionen,
Lehren und Weisheiten vieler Völkerstämme studierte.

Er gewann mit seinem großen Können Ansehen und Berühmtheit und wurde schließlich sogar von gekrönten Häuptern und
hochstehenden Persönlichkeiten um seinen Rat und seine Hilfe
gebeten. Der Graf betrachtete jedoch jeden, der ihm ein Anliegen
unterbreitete, als einen Mitmenschen in Not und half allen - bis
hin zu den Ärmsten und Hilflosesten.

Lange hielt der Graf seine Identität sorgfältig geheim und
veröffentlichte unter dem Pseudonym "Cheiro" seine Forschungs-
ergebnisse und Erkenntnisse.

Es gibt in der Literatur der Numerologie unterschiedliche
Auslegungen, wonach Buchstaben in Zahlen umgewandelt werden können. Mir erschien der intuitiv hochbegabte und überaus
menschenfreundliche Graf als der überzeugendste Vertreter auf
diesem Gebiet, und deshalb übermittle ich Ihnen hiermit seine
Umwandlungstheorie, die ich für die beste halte.

A =1	D = 4	G= 3	J = 1	M = 4	P = 8	S = 3	V = 6	Y = 1
B = 2	E = 5	H = 5	K = 2	N = 5	Q = 1	T = 4	W = 6	Z = 7
C = 3	F = 8	I = 1	L = 3	O = 7	R = 2	U = 6	X = 5	

In dieser Tabelle fehlt die 9, weil sich die okkulten Mystiker des Alterstums darüber einig waren, daß diese Zahlenschwingung dem erhabenen Begriff GOTT entspricht ($3 + 7 + 4 + 4 = 18 = 9$). Deshalb teilten sie dieser Zahl keinen Buchstaben zu.

Die Berechnung der persönlichen Zahl

Wenn Sie nun gerne wissen möchten, unter welcher Zahl und Farbschwingung Ihr Name steht, können Sie das nun sehr leicht herausfinden.

Zur Errechnung der Namenszahl werden die Zahlenwerte der einzelnen Buchstaben, aus welchen sich der Vor- und Nachname zusammensetzt, addiert.

Die eigentliche okkulte Bedeutung gewinnt die Zahl des am häufigsten gebrauchten Namens, unabhängig davon, wie der Taufname oder der amtlich im Paß eingetragene Name auch lauten möge.

Oftmals ist ein Kosename bekannter als der Taufname. Es wird stets der zur Zeit am meisten gebrauchte Name errechnet, um zu einer gültigen Namenszahl zu kommen. Nehmen wir als Beispiel folgenden Namen:

$$E \quad V \quad A \qquad H \quad E \quad L \quad L \quad E \quad R$$
$$5 + 6 + 1 \quad + \quad 5 + 5 + 3 + 3 + 5 + 2 = 35 = 8$$

Dieser Name steht unter der silbernen Farbschwingung der 8.

Auch das Geburtsdatum, das für einen Lebenslauf ebenfalls sehr aussagekräftig und daher wesentlich ist, läßt sich auf eine

Zahl und damit auf eine Farbschwingung reduzieren. Nehmen wir als Beispiel folgendes Geburtsdatum:

22. 6. 1964
$2 + 2 + 6 + 1 + 9 + 6 + 4 = 30 = 3$

Die betreffende Person wurde somit unter der gelben Farbschwingung der Zahl 3 geboren.

In diesem Fall handelt es sich um einen begabten, geistreichen und vielseitigen Menschen, der seinem Leben die heiteren, angenehmen Seiten abgewinnen kann.

Es ist eine dominante Persönlichkeit, die den Drang nach Freiheit in sich fühlt und die sich in untergeordneten Positionen nicht entfalten und verwirklichen kann.

Die günstigsten Tage für besondere Vorhaben sind der 6., 9., 15., 18. oder 27., besonders dann, wenn sie auf einen Donnerstag, Freitag oder Dienstag fallen.

Dieses Beispiel sollte Ihnen als kleine Anregung dienen. Finden Sie nun Ihre eigenen Zahlen und Farbschwingungen heraus und lesen Sie dazu die Erklärungen, die Sie auf den folgenden Seiten finden können.

Die praktische Hilfe der Numerologie besteht darin, Hinweise über Charaktereigenschaften, Stärken oder Schwächen und auch über günstige Tage zur Erledigung wichtiger Vorhaben zu erhalten.

Man kann damit jedoch auch die dominierenden Farbschwingungen erkennen, die sich aus dem Namen und dem Geburtsdatum herleiten lassen, und hat so die Möglichkeit, einen weiteren Schritt in Richtung Selbsterkenntnis zu machen und die eigene Farbqualität zu verbessern.

Auf diese Weise kann man sowohl sich selbst als auch anderen eine wertvolle Hilfe geben, indem man sich mit den erkannten Farbschwingungen geistig verbindet und sie auch mittels Farblichtbestrahlung zusätzlich verstärkt.

Hier möchte ich noch einfügen, daß sich die Farbe "Silber" mit dem Licht des Mondes und die Farbe "Gold" mit dem der Sonne harmonisch in Einklang bringen läßt - was für die Farb-Visualisierungstechnik sehr hilfreich sein kann.

Mit dieser Methode lassen sich aber auch Zahlenvergleiche zwischen Partnern anstellen, woraus ebenfalls Erkenntnisse gewonnen werden können. Die Zahlenmythologie verhilft also zu einigen recht interessanten Details, die sich wie Mosaiksteinchen in das persönliche Lebensbild einfügen lassen - und deshalb kann ihr ein gewisser Stellenwert in Sachen "Lebenshilfe" nicht abgesprochen werden. Noch ein kleiner Hinweis:

Die Praxis hat gezeigt, daß sich mitunter exaktere Ergebnisse erzielen lassen, wenn man die Namens- und Geburtszahl addiert. An unserem Beispiel würde das so aussehen:

Die 8 der Namenszahl plus die 3 des Geburtsdatums ergibt zusammen 11 und auf eine Zahl reduziert eine 2.

Prüfen Sie nun seslbst, in welcher Version Sie sich am deutlichsten wiedererkennen können.

Zahlenschwingungen und ihre Farben

Die rote Schwingung der Eins

Die Eins symbolisiert Eigenschaften wie: Führungsqualität; Pioniergeist; Zielstrebigkeit; Willenskraft; Unabhängigkeitsdrang; Erfindungsgabe; Eigenwilligkeit; Durchhaltevermögen; Ehrgeiz; Autorität; Erfolgsstreben; Karrierebewußtsein; Kämpfernatur.

Die "Einser" sind Individualisten mit einem sehr ausgeprägten Charakter, einem Ideenreichtum und einer großen Begeisterungsfähigkeit. Sie üben auf andere eine starke Überzeugungskraft aus und haben die Fähigkeit, ihre Mitmenschen zu motivieren und zu begeistern. Mit großer Redegewandtheit sind sie imstande, ihr Wissen zu vermitteln und andere zu belehren und zu führen. In ihrer cholerischen Wesensart können sie jedoch auch aufbrausend, rücksichtslos und schnell gereizt sein.

Ihre Gefühle und Leidenschaften sind rasch entfesselt - "sie sehen rot" - sind jedoch von ihrem Verstand her bald wieder beruhigt, denn Sie haben ein ausgeprägtes Vernunftsdenken und gewinnen dadurch schnell wieder ihre Haltung, ihre Fassung und ihr Stehvermögen.

Es sind mitunter sehr leidenschaftliche, impulsive, feurige Menschen, die ihr Leben ausgiebig genießen möchten und die sinnliche Genüsse sehr schätzen.

Ihr Appetit ist stark ausgeprägt, sei es nun im Hinblick auf gut gewürzte, anregende Speisen und Getränke oder auf Erotisches. Es sind dynamische, potente Menschen, die immer eine Konfrontation mit anderen suchen, die den Wettbewerb und die Leistung schätzen und die ständig erobern und gewinnen möchten.

Sie sind willensstark, fleißig und tatkräftig, haben stets hochgesteckte Ziele und Wünsche und wirken dabei auf andere unkompliziert und mitreißend, weil sie ein starkes Selbstbewußtsein ausstrahlen. Die "Einser" neigen zu folgenden körperlichen Anfälligkeiten:

Herzbeschwerden; hoher Blutdruck; Kreislaufbeschwerden; Rückenleiden, Beschwerden mit den Augen (Kurzsichtigkeit, Schielen). Besondere Vorsicht vor Überanstrengungen in den Monaten:

Januar, Oktober und Dezember.

Diese Menschen harmonisieren am besten mit Personen, denen die 1, 2, 4 oder 7 zugeordnet ist. Günstige Tage und Daten: Sonntag, Montag - 1., 10., 19. und 28.

Die orange Schwingung der Zwei

Die Zwei symbolisiert Eigenschaften wie: Phantasie; künstlerische Begabung; Idealismus; Romantik; Kreativität; Mangel an Beharrlichkeit; Neigung zu Überempfindlichkeit und Melancholie; starke Stimmungen und Gefühle; Einfühlsamkeit; Harmoniebestreben. Die "Zweier" sind geduldige, liebenswürdige Menschen, die stets ausgleichen und versöhnen möchten, wenn um sie herum etwas aus der Ordnung geraten ist. Es sind die geborenen Diplomaten, die mit ihrer verständnisvollen, sanftmütigen Art einen Streit schlichten und Brücken der Verständigung schlagen können.

Sie sind selbstsicher, unabhängige und begeisterungsfähige Menschen, die sich in Gesellschaft wohl fühlen und sehr sozial eingestellt sind. Courage, Optimismus und Lebensfreude sind hervorragende Eigenschaften sowie Herzlichkeit, Kontaktfreudigkeit und Jugendlichkeit - bis ins Alter.

Andererseits lassen sich die "Zweier" oftmals sehr schnell entmutigen und werfen gleich "die Flinte ins Korn", wenn ihren Vorhaben oder Wünschen etwas im Wege steht.

Es sind ausdrucksstarke, kreative Menschen mit künstlerischer oder handwerklicher Begabung.

Musik, Gesang und Tanz kommen ihrer Fröhlichkeit und Leichtlebigkeit sowie ihrem Talent zur Unterhaltung entgegen. Sie sind nicht so lustbetont wie die rote "Einser", sondern sie sehnen sich nach liebevoller, zärtlicher Erotik, verbunden mit innigen Gefühlen und heimlichen Sehnsüchten.

Wenn sich diese Menschen unverstanden und verkannt fühlen, verfallen sie oftmals in tiefes Selbstmitleid und Lethargie und sind sehr deprimiert und in ihren Gefühlen beeinträchtigt.

Seelische Bedrücktheit, Hemmungen und Minderwertigkeitsgefühle machen stark zu schaffen, ebenso wie Eifersucht und Mißtrauen. Ihr fröhliches Naturell verhilft ihnen aber dann wieder sehr schnell dazu, sich zu fassen und ihre Gefühlsausbrüche zu überwinden. Die Freude am Leben gewinnt immer wieder die Oberhand.

Die "Zweier" neigen zu folgenden, körperlichen Anfälligkeiten:

Magen- und Darmbeschwerden; Verdauungsstörungen; Stoffwechselerkrankungen; seelisch bedingte, nervöse Leiden. Besondere Vorsicht vor Überanstrengungen in den Monaten:

Januar, Februar und Juli.

Diese Menschen harmonieren am besten mit Personen, denen die 1, 2 oder 7 zugeordnet ist. Günstige Tage und Daten: Sonntag, Montag, Freitag - 2., 11., 20. und 29.

Die gelbe Schwingung der Drei

Die Drei symbolisiert Eigenschaften wie: Fröhlichkeit; Optimismus; Ehrgeiz; Verantwortungsbewußtsein; Großzügigkeit; vielfache Interessen; klares, logisches Denken; gute Urteilskraft; Aufgeschlossenheit; ausgeprägte Begabungen.

Die "Dreier" sind sehr scharfsinnige, vielseitige und aufgeschlossene Menschen. In ihnen schlummern viele Talente und Fähigkeiten für künstlerische Leistungen. Ausgeprägt ist auch ihre Begabung zur Schriftstellerei und zur Mitteilung ihrer Ideen und Vorstellungen. Sie haben einen Hang zur Souveränität und zur Selbständigkeit und fühlen sich in untergeordneter Stellung unbefriedigt und fehl am Platze.

Wenn eine Selbstdarstellung nach ihren Wünschen und Vorstellungen für sie nicht möglich ist, dann ziehen sie sich lieber zurück und kapseln sich ab. Ihr Humor und ihre lebensbejahende Einstellung macht sie zu beliebten Gesellschaftern. Ihr wacher Verstand und ihre erfolgreichen Tätigkeiten lösen bei den Mitmenschen Bewunderung und Anerkennung, jedoch manchmal auch Neid und Mißgunst aus.

Wenn die "Dreier" nicht genügend Stabilität und Ausdauer besitzen, so kann sich ihr Denken leicht zersplittern, und sie verzetteln sich dann mit vielen Aktivitäten, die letztendlich jedoch keinen bleibenden Wert oder Nutzen haben.

Auch eine gewisse Neigung zu Übertreibungen und eine Anfälligkeit für Schmeicheleien ist mitunter ein Wesenszug dieser Menschen, die sehr stolz und eitel sein können. Wenn sie sich dabei selbst überschätzen und ihre Erwartungen nicht erfüllt werden, dann kommen Gefühle von Neid und Eifersucht auf oder auch solche von Benachteiligung, Ungerechtigkeit und Hoffnungslosigkeit. Diese Menschen sind auch stets auf der Suche nach etwas Neuem, sie wollen ständig ihren Horizont erweitern und lieben freie Verhältnisse und das Gefühl des Ungebundenseins. Die Angst, mit anderen in Konkurrenzkampf treten zu müssen und dabei der Unterlegene zu sein, ist ausgeprägt und löst Minderwertigkeitsgefühle und Mutlosigkeit aus, was zu Unaufrichtigkeit oder Rachsucht führen kann.

Ihre Hoffnung und ihr Optimismus hält sie jedoch stets aufrecht und hilft ihnen dabei, ihre Erregungen und inneren Spannungen schnell wieder bereinigen und lösen zu können.

Die "Dreier" neigen zu folgenden körperlichen Anfälligkeiten: Überreizung des Nervensystems; Nervenentzündungen; Erschöpfungszustände; Hautleiden; Kopfschmerzen und Migräne. Besondere Vorsicht vor Überanstrengungen in den Monaten: Februar, Juni, September und Dezember.

Diese Menschen harmonieren am besten mit Personen, denen die 3, 6 oder 9 zugeordnet ist.

Günstige Tage und Daten: Dienstag, Donnerstag, Freitag - 6., 9., 15., 18. und 27.

Die grüne Schwingung der Vier

Die Vier symbolisiert Eigenschaften wie: Eigenwilligkeit; Reformgeist; extremer Individualismus; Stabilität; Selbstdisziplin; praktischer Sinn; große Vitalität; Schlagfertigkeit und Witz.

Die "Vierer" sind zuverläßliche, fleißige und ausdauernde Menschen, die einen stark ausgeprägten Sinn für Ordnung und materielle Sicherheit haben.

Ihre Begabung liegt hauptsächlich auf praktischem Gebiet. Sie sind handwerklich sehr geschickt und vielseitig und haben die Fähigkeit zum Berater, Helfer und Heiler.

Diese Menschen lieben ganz besonders Kinder, Tiere und Pflanzen - man sagt ihnen nach, daß sie "einen grünen Daumen" haben, das heißt, daß Pflanzen unter ihrer Obhut ganz besonders gut gedeihen. Sie lieben ihr Zuhause, denn sie brauchen es, um neue Kraft für den Alltag zu schöpfen, und sie haben ein ausgeprägtes Harmoniestreben und Ruhebedürfnis.

Anpassungsfähigkeit und Selbstbeherrschung sind hervorragende Merkmale der "Vierer", die obendrein sehr sparsam und vorausplanend sind, denn sie wollen allen Eventualitäten, die auf sie zukommen könnten, so gut gewappnet wie nur möglich entgegentreten. Alles wird rundherum bestens abgesichert, um von unvorhersehbaren Ereignissen nicht überrascht zu werden und dabei Schaden nehmen zu müssen. Diese Menschen lieben die Fülle und den Wohlstand und haben ein besonderes Geltungsbewußtsein und einen verstärkten Drang nach Ansehen, Macht und Würde.

Ihr Prestigedenken ist sehr ausgeprägt. Die gesicherte Position - Karriere, Besitz, materielle Güter -, all das hat für sie eine überaus große Bedeutung. Bei ihnen findet nur die greifbare Realität Anerkennung. Sie sind analytisch denkend, vernunftsbetont und dabei kritisch abwägend und vorsichtig. Konservativ, stabil und erdgebunden behaupten die "Vierer" ihre Position.

An hochgeistigen, mystischen, mit dem bloßen Verstand nicht faßbaren Dingen haben sie wenig Interesse.

Eine gewisse Neigung zum Eigensinn, zur Unversöhnlichkeit oder ein Mangel an Kompromißbereitschaft sind mitunter vorhanden. Diese Menschen lieben gesicherte Zustände und möglichst wenig Veränderungen in ihrer Umgebung. Gleichgültigkeit, Trägheit und eine Neigung zum Grübeln sind ebenfalls Merkmale dieses phlegmatischen Temperaments.

Die "Vierer" neigen zu folgenden körperlichen Anfälligkeiten:

Kopf- und Rückenschmerzen; Erkrankung der Stoffwechselorgane (Blase, Nieren); Neigung zu Venenleiden (Krampfadern); Zirkulationsstörungen.

Besondere Vorsicht vor Überanstrengungen in den Monaten: Januar, Februar, Juli, August und September.

Diese Menschen harmonieren am besten mit Personen, denen

die 1, 2 oder 7 zugeordnet ist. Günstige Tage und Daten: Samstag, Sonntag, Montag - 4., 13., 22. und 31.

In weiterer Folge sind die den Zahlen 1, 2 und 7 zugeordneten Tagesdaten also der 1., 2., 7., 10., 11., 16., 19., 20., 25., 28. und 29. jedes Monats besonders dann als sehr günstig anzusehen, wenn sie auf einen Samstag, Sonntag oder Montag fallen.

Die blaue Schwingung der Fünf

Die Fünf symbolisiert Eigenschaften wie: Schlagfertigkeit; gute Menschenkenntnis; rasche Auffassungsgabe; Impulsivität; Hang zur Kommunikation und Geselligkeit; ausgeprägter Geschmack; Loyalität; Taktgefühl; Erfindungsgabe.

Die "Fünfer" sind pflichtbewußte, beständige Menschen, mit einem ausgeprägten Sinn für Gesetz und Ordnung und für Traditionen.

Ihre besonderen Fähigkeiten liegen auf dem Gebiet des psychologischen Einfühlungsvermögens. Es sind idealistische, treue und hingebungsvolle Menschen, die sehr hilfsbereit und sozial eingestellt sind. Sie sind liebenswert und charmant und allem Neuen gegenüber aufgeschlossen.

Ihr Organisationstalent befähigt sie dazu, Ideen und Konzepte auszuführen und durchzusetzen. Manchmal mangelt es jedoch an einer stabilen Verankerung im Leben, und es fehlt der Sinn für das Praktische, Konkrete.

Das Wesen des blauen "Fünfers" ist mitunter recht melancholisch, wobei düstere, depressive Stimmungen und Teilnahmslosigkeit aufkommen können. Verschlossenheit und Distanziertheit führen dann zu seelischer Vereinsamung und zu einem Mangel an liebevoller Zuwendung seitens der Mitmenschen, die dahinter Desinteresse oder Snobismus vermuten. Positive Wesenszüge dieser Menschen sind ihr absolutes Gerechtigkeitsempfinden, Verläßlichkeit, Geduld und Bescheidenheit. Sie zeigen eine ausgeprägte Neigung zum Selbstausdruck, sei es in Form von Reden,

Schreiben, Malen oder sonstiger Dinge, durch welche sie sich kundtun können.

Ausgeprägte Talente dieser Menschen liegen aber auch in ihren kaufmännischen Fähigkeiten, ihrer großen Geschäftstüchtigkeit und in ihrem Hang zur Selbständigkeit, wodurch sie zu erheblichen materiellen Erfolgen gelangen können.

Auch eine gewisse Tendenz zur Ruhelosigkeit und Zersplitterung ist bei ihnen auffällig. Sie suchen dann förmlich nach Streß und übertriebene Aktivitäten - "Ruhe kann ich mir jetzt nicht leisten", sind typische Worte dafür. Mitunter verbirgt sich dahinter eine Flucht vor der Realität, seien es nun Enttäuschungen, Trennungen oder ein innerliches Unbefriedigtsein, die damit überspielt werden sollen.

Harmonie, Ruhe und Frieden - danach sehnen sich diese Menschen in ihrem tiefsten Inneren jedoch in verstärktem Ausmaß, auch wenn sie es oftmals nicht kundtun können.

Die "Fünfer" neigen zu folgenden, körperlichen Anfälligkeiten:

Nervenleiden, geistige Überanstrengung, Schlaflosigkeit, Beschwerden der Atmungsorgane und des Verdauungstrakts, Schulter-Arm-Schmerzen.

Besondere Vorsicht vor Überanstrengungen in den Monaten: Juli, September und Dezember.

Diese Menschen harmonieren mit allen Personen, die ihnen sympathisch sind.

Günstige Tage und Daten: Mittwoch, Freitag - 5., 14. und 23.

Die indigoblaue Schwingung der Sechs

Die Sechs symbolisiert Eigenschaften wie: Großzügigkeit; Hilfsbereitschaft; Geselligkeit; Verantwortungsbewußtsein; Organisationstalent; Familiensinn; Suche nach Harmonie und Geborgenheit; Treue, Anhänglichkeit; Verläßlichkeit. Die "Sechser" sind herzliche, hilfsbereite und selbstlose Menschen mit einem ausgeprägten Sinn für ein heiles Familienleben, ein harmonisches Heim und eine Umgebung, in welcher Ruhe und Frieden herrscht. Sie sind äußerst gewissenhaft, eher konservativ und absolut verläßlich. Ein starkes Pflichtbewußtsein und ein praktischer Idealismus zeichnen diese Menschen ebenso aus wie ihre mannigfaltigen Aktivitäten, die sie mit starkem Einsatz vollziehen.

Sie haben meist eine große Ausstrahlungskraft und wirken damit auf andere sehr anziehend. Ebenso beeindruckend sind auch ihr künstlerisches Gestaltungsvermögen und ihre originellen Ideen.

Furchtlos und klar im Denken und Handeln setzen sie sich für Einheit und Gerechtigkeit ein und bereinigen mit ihrem Reformgeist so manche Mißstände, die ihnen ein "Dorn im Auge" sind. Eine enorme Kraftquelle ist für viele von ihnen ihr tiefer Glaube und ihre starke Intuitionsfähigkeit.

Mitunter haben diese Menschen aber auch eine Neigung zum Aberglauben, zum Fanatismus und zur Intoleranz sowie einen verstärkten Hang zur Prahlerei und Verschwendungssucht.

Rücksichtslosigkeit und Sturheit sowie ihr Hang zu Vorurteilen und harter Kritik lösen in ihrer Umgebung negative Reaktionen aus, die ihnen dann schwer zu schaffen machen und bisweilen Tendenzen zu tiefen Depressionen auslösen können.

Dann sehen diese Menschen alles negativ, düster und hoffnungslos und geraten damit in einen Zustand von Traurigkeit und Lebensangst. In solchen Phasen "verkriechen" sie sich am liebsten und wollen von ihrer Umwelt nichts mehr hören und sehen. Oftmals behindert ein gestörter Realitätsbezug das Denken und Fühlen, was sich schließlich in mangelnder Konzentrationsfähigkeit, in fixen Ideen oder in Alpträumen deutlich machen kann. Im großen und ganzen sind die "Sechser" jedoch charakterfeste, loyale und integere Menschen, die beharrlich, treu ergeben und verläßlich sind. Mitunter fehlt es ihnen allerdings etwas an Schwung und Temperament, was sie etwas gehemmt und langweilig erscheinen läßt. Das können sie jedoch mit ihren menschlichen Qualitäten sehr schnell wieder wettmachen. Die "Sechser" neigen zu folgenden, körperlichen Anfälligkeiten:

Erkältungskrankheiten; Halsentzündung; Erkrankung der oberen Luftwege; Kreislaufstörungen; Herzbeschwerden; Magenleiden. Besondere Vorsicht vor Überanstrengungen in den Monaten:

Mai, Oktober und November.

Diese Menschen harmonieren am besten mit Personen, denen die 3, 6 oder 9 zugeordnet ist. Günstige Tage und Daten: Dienstag, Donnerstag, Freitag - 3., 6., 9., 12., 15., 18., 21., 24., 27. und 30.

Die violette Schwingung der Sieben

Die Sieben symbolisiert Eigenschaften wie: Inspiration und Intuition; mediale Veranlagung; mystische Begabung; regsamer, sensibler Geist (begabte Künstler, Mystiker, Philosophen); Sehnsucht nach Abwechslung und Abenteuer. Die "Siebener" sind außerordentlich leistungsfähig und agil, solange Harmonie um sie herum herrscht und ihre Welt in Ordnung ist. Werden sie jedoch durch plötzliche Vorkommnisse oder Reibereien des Alltages aus ihrer Ruhe gebracht, so neigen sie dazu, ihre Probleme aufzubauschen und überzubewerten, sind dann oftmals gereizt, nervös und entmutigt und zeigen einen verstärkten Hang zur Schwarzmalerei und zum Pessimismus, was sich jedoch meistens sehr schnell als zu voreilig und überflüssig herausstellt. Diese Menschen haben auch eine stark ausgeprägte Wahrheitsliebe - sie verurteilen alle Lügen und Ungerechtigkeiten. Hohe geistige Fähigkeiten wie Idealismus, Selbstlosigkeit und Nächstenliebe, verbunden mit einem Hang zu spirituellem, mystischem Wissen machen sie oftmals zu Vorbildern und weisen Lehrern auf diesem Gebiet.

Mitunter fühlen sie sich als nicht zur Masse gehörig und suchen die Beschaulichkeit, weitab vom Lärm und Trubel.

Sie sind zuweilen starken Gefühlsschwankungen unterworfen und befürchten Eingriffe in ihre Unabhängigkeit und ihren Lebensrhythmus, was ihrem ausgeprägten Individualismus sehr zuwiderläuft.

Negative Aspekte dieser Wesensart zeigen sich in einem Überlegenheitsgefühl, das sich in Arroganz oder Snobismus ausdrücken kann, sowie in einem Mißbrauch ihrer gewonnenen Macht oder des Vertrauens, das ihnen von anderen entgegengebracht worden ist.

Es besteht manchmal auch ein ausgeprägtes Interesse an dunkler Mystik und Schwarzer Magie sowie ein Hang zu Exzessen, Genußsucht und Betäubung der Sinne, was zu Leid und Verstrickungen aller Art führen kann.

Im allgemeinen lieben diese Menschen jedoch ihr Leben und verstehen es auch zu genießen. Großzügig, offenherzig und hilfsbereit schenken sie gerne und reichlich und sind stets bereit, mit anderen zu teilen. Dennoch sind sie um die Sicherstellung ihrer Zukunft äußerst besorgt, weil die meisten von ihnen ihre Schwächen kennen und wissen, daß sie durch die Stürme des Lebens leicht aus der Bahn geworfen werden können.

In dieser Gruppe finden sich auch große Romantiker, die gerne möglichst viel Neues kennenlernen möchten.

Weite Reisen in ferne Länder zu alten Kulturen und unbekannten Menschen - das ist für manche von ganz besonderem Reiz.

Die "Siebener" neigen zu folgenden körperlichen Anfälligkeiten:

Muskelverspannung; Nervenleiden; körperliche und geistige Überanstrengung; Überempfindlichkeit; Fußleiden sowie Neigung zu Krampfadern und Ödemen.

Besondere Vorsicht vor Überanstrengungen in den Monaten: Januar, Februar, Juli und August.

Diese Menschen harmonieren am besten mit Personen, denen die 2 und 7 zugeordnet ist.

Günstige Tage und Daten: Sonntag, Montag - 7., 16. und 25.

Die silberne Schwingung der Acht

Die Acht symbolisiert Eigenschaften wie: Geschäftstüchtigkeit; materieller Erfolg; Verantwortungsbewußtsein; Tapferkeit; Selbstbeherrschung; Widerstandskraft.

Die "Achter" sind zähe, robuste Menschen, die gerne aktiv sind und etwas riskieren möchten.

Sie stellen vielfach hohe Ansprüche - sowohl an andere als auch an sich selbst - und laufen damit zeitweilig Gefahr, sich zu übernehmen, ihre Gesundheit zu gefährden und ihr Privatleben aufs Spiel zu setzen.

Erfolgsstreben, Unternehmergeist und Geschäftssinn sind klassische Merkmale, die das Leben dieser Menschen deutlich prägen und bestimmen. Die seelische Reife und die geistige Einstellung entscheiden, wie der einzelne mit seinen Fähigkeiten umgeht und welche Früchte er ernten kann.

Gehen diese Menschen mit ihrer Macht und ihrem Einfluß verantwortungsvoll und richtig um und setzen sie ihre wirtschaftlichen und persönlichen Erfolge sowie ihr Wissen und Können zum Wohle ihrer Mitmenschen ein, dann gewinnen sie eine große Bedeutung für viele, denn dann werden sie zu Hoffnungsträgern und geben durch ihr Vorbild die Richtung und den Ton an.

Die "Achter" verfügen also über Talente, die sie befähigen, schwierige, zeitraubende und schier unlösbar erscheinende Probleme zu bewältigen.

Sie können gut mit Geld umgehen und bringen es im allgemeinen zu einigem Wohlstand.

Mitunter sind sie allerdings zu materialistisch eingestellt und vollziehen dann vieles aus Berechnung.

Sie haben eine starke Ausstrahlung, andere Menschen zu führen oder zu beeinflussen, und sie können diese sowohl zum Lachen als auch zum Weinen bringen. Ihre Begabung liegt in ihrer Ausdrucksfähigkeit und ihrer absoluten Überzeugungskraft.

Manchmal werden sie jedoch auch von Ängsten und Zweifeln gepackt und befürchten, ihrer Verantwortung nicht mehr gewachsen zu sein und zu versagen, was sie dann durch einen besonders intensiven Arbeitseinsatz und vielfältige Aktivitäten zu überspielen versuchen.

Teilweise verkennt man diese Menschen auch, da sie ihren wahren Kern gerne verbergen und ihr Interesse nur selten offenbaren.

Zu unrecht hält man sie dann bisweilen für gefühlskalt und unnahbar.

Sie zeigen aber manchmal auch einen Hang zur Kompromißlosigkeit und zum Fanatismus, was ihnen Anfeindung und Verständnislosigkeit einbringen kann.

Wenn es für ihre Pläne erfolgsversprechend erscheint, dann sind diese Menschen zu allem fähig und zeigen dabei ein großes Maß an Genügsamkeit und Selbstbeherrschung.

Die "Achter" sind sehr vielschichtig und gegensätzlich, und man kann sie daher in zwei Hauptgruppen unterteilen, nämlich in die mit einem unbeugsamen, harten Charakter und einem ungewöhnlich schweren Schicksal - und jene, die zwar hart und einsatzreich arbeiten und kämpfen müssen und die damit auch einen schweren Weg beschreiten, die aber letztendlich zu Ruhm und Ehre gelangen und sich dabei durch gute Taten und hervorragende Leistungen auszeichnen.

Menschen, die ein schweres Karma haben, zeigen oftmals eine auffallende Verbindung zu der Zahl 8.

Die "Achter" neigen zu folgenden, körperlichen Anfälligkeiten:

Beschwerden der Leber und Galle sowie der Ausscheidungsorgane; Rheuma; Stoffwechselstörungen; Arterienverkalkung.

Besondere Vorsicht vor Überanstrengungen in den Monaten: Januar, Februar, Juli und Dezember.

Diese Menschen harmonieren am besten mit Personen, denen die 4 und 8 zugeordnet ist.

Günstige Tage und Daten: Sonnabend, Sonntag, Montag - 8., 17., 26., 4., 13., 22. und 31.

Anmerkung: Die verdreifachte Ziffer 888 wird von vielen Okkultisten als die Zahl des Erlösers angesehen.

Die Lemniskate 888 wird daher von alters her als die heilbringende Zahlenschwingung gepriesen!

Die goldene Schwingung der Neun

Die Neun symbolisiert Eigenschaften wie: Streben nach Selbständigkeit; Willens- und Durchsetzungskraft; Impulsivität; Wagemut; Draufgängertum; Neigung zu Unbedachtsamkeit, Leichtsinn und Jähzorn; Idealismus; Selbstlosigkeit; Hilfsbereitschaft; Großzügigkeit.

Die "Neuner" sind im allgemeinen hochherzige und gütige Menschen, die viel Mitgefühl und Nächstenliebe aufbringen können.

Wer mit dieser seiner Schwingung im Einklang lebt, hat hochgesteckte Ziele und große Ideale. Er möchte Leid lindern helfen und sein Wissen sowie seine Erfahrungen zum Nutzen anderer einsetzen. Ihre Energien wachsen mit ihren Aufgaben, und meist sind diese Menschen erst in reiferen Jahren anerkannt und erfolgreich. Oftmals leben sie auch lange unauffällig und zurückgezogen im Stillen, wo sie ihre Reife gewinnen, um schließlich Großes vollziehen zu können.

Es sind freundliche, liebevolle Menschen, die gerne mit anderen teilen, was sie haben, und die oftmals ein Segen für ihre Mitmenschen sind.

Vielfach sind sie glaubensmäßig tief verankert und mit einem starken Gottvertrauen beseelt, was sie in ihrer universellen Liebe und ihrer Einsatzfähigkeit zu wahren Heilern und Helfern heranwachsen läßt.

Mitunter schlummern hervorragende Talente in ihnen, die sie zu großen Leistungen in der darstellenden Kunst befähigen.

Die "Neuner" lieben es, in Berufen tätig zu sein, in welchen sie ihre Selbständigkeit und Tüchtigkeit unter Beweis stellen können und scheuen dabei weder Unbequemlichkeit noch gesteigerten Arbeitseinsatz. "Auf der faulen Haut liegen", ist nicht ihre Sache, denn sie sind meistens impulsive Draufgänger und Kämpfernaturen mit übertriebenem Eifer und einem Hang zum Strebertum. Vielfach muß gegen eine unbändige Neigung zum Jähzorn oder Leichtsinn angekämpft werden, da diese Wesenszüge Rückschläge und Mißerfolge nach sich ziehen können - Faktoren, die ein "Neuner" nur sehr schwer verkraftet.

Aufgeben werden diese Menschen nur höchst selten, denn sie haben feurige Ideen und hohe Ideale, die sie bis zum Äußersten verfechten. Von ihrer seelischen Reife hängt es letztendlich ab, ob sie ihre Pläne und Vorhaben auf korrekte oder auf gewaltsame Weise durchsetzen.

Vielfach sind Persönlichkeiten unter ihnen, die aus dem Rahmen fallen, weil sie Außerordentliches vorzuweisen haben. Dominanz und Ehrgeiz sind stark ausgeprägt, und in ihrer Zielstrebigkeit sind sie unschlagbar.

Obendrein verstehen sie es hervorragend, ausgezeichnete Arbeit zu leisten und verantwortungsvolle Positionen einzunehmen, was sie zu guten Vorgesetzten und Leitfiguren macht.

Die "Neuner" neigen zu folgenden, körperlichen Anfälligkeiten: Infektionskrankheiten, Bluthochdruck, Augen-, Ohren- und Nasenleiden, Beschwerden am Kopf (Kiefer, Zähne).

Besondere Vorsicht vor Überanstrengungen in den Monaten: April, Mai, Oktober und November.

Diese Menschen harmonieren am besten mit Personen, denen die 3 oder 6 zugeordnet ist.

Günstige Tage und Daten: Dienstag, Donnerstag, Freitag - 9., 18. und 27.

Einführung
in die Meridian-Therapie

Die kosmische Lebenskraft

Der Mensch ist eine lebendige Einheit, durch welche die unsichtbaren, kosmischen Lebensenergien zirkulieren.

Die alten Chinesen nannten diese Vitalkraft "Chie", die spezifischen Hauptnervenenden nannten sie "Akupunktur-Punkte", und den Hauptverlauf einer Gruppe ähnlicher Nervenenden bezeichneten sie als "Meridiane".

Nach altchinesischer Vorstellung wirken die einzelnen Organe im menschlichen Organismus aufeinander ein und halten ein in sich kompliziertes Fließgleichgewicht aufrecht.

Diese Erkenntnis zählt zu den wesentlichsten Prinzipien der modernen Biologie.

Der italienische Professor Dr. Calligaris drückte das in den 30er Jahren folgendermaßen aus:

"Der menschliche Körper ist durchsetzt mit komplexen Systemen, die als Kontaktpunkte - ähnlich den Akupunkturpunkten - zu den Strahlungen des Universums eine Verbindung aufrecht halten. Potenz und Ladung dieser Resonanzpunkte bestimmen, zusammen mit der Resonanzfähigkeit der Körperzellen, das allgemeine Wohlbefinden des menschlichen Organismus."

In der chinesischen Literatur finden sich etwa 1 000 solcher Punkte beschrieben. Es heißt dort:

"Die Wurzel der Akupunktur liegt im Geist.
Der Geist des Menschen ist ihm vom Himmel geschenkt,
seine physische Energie kommt von der Erde.
Die Mittel, durch die der Mensch geschaffen ist,

die Wege, auf denen Krankheiten entstehen,
die Mittel, durch die der Mensch geheilt wird,
die Wege, auf denen Krankheiten gehen:
Es sind die 12 Meridiane, die die Grundlage
aller Theorie und aller Behandlung darstellen."

Ling Shu

Die Funktion der 12 Organe des Menschen, ihre Bedeutung und ihre Rangordnung wird in einem alten, chinesischen Medizinbuch so beschrieben:

"Das Herz hat die Funktion des Herrschers - es ist der Sitz des Geistes.

Die Lungen haben die Funktion eines Ministers - sie haben Verwaltungsaufgaben.

Die Leber hat die Aufgabe eines Generals - sie ist verantwortlich für die Frage der Strategie.

Die Gallenblase hat die Aufgabe eines Richters - sie ist dazu bestimmt, Entscheidungen zu treffen.

Milz und Magen haben die Funktion eines Proviantmeisters - sie sind die Quelle der 5 Geschmacksrichtungen.

Der Dickdarm hat eine Transitfunktion - er nimmt an den Transformationsvorgängen bei der Verdauung teil.

Der Dünndarm hat die Funktion, die Nahrungsmittel aufzunehmen und zu verarbeiten, um sie in Nährstoffe umzuwandeln.

Die Nieren haben die Aufgabe, das energetische Gleichgewicht aufrechtzuerhalten - sie erzeugen die Kraft und den Scharfsinn.

Der Dreifach-Erwärmer hat die Aufgabe den Organismus zu bewässern und ist die Quelle aller Seewege des Körpers.

Die Blase ist ein Grenzbezirk - sie ist der Vereinigungsort der Körpersäfte und letzte Schaltstelle der Transformation der Energie. Diese Funktionen müssen sich in einem ständigen Gleichgewichtszustand halten.

Dem Herrscher obliegt es, ihre Harmonie zu sichern.

Dieses Prinzip einer funktionellen Rangordnung sichert Langlebigkeit und Gesundheit."

Für Gesundheit, Harmonie und Wohlbefinden ist es also wichtig, daß alle Organe in einer bestimmten Reihenfolge funktionieren. Ist ein Glied in dieser Kette geschwächt oder behält es zuviel Energie zurück, so kommt es zu einer Disharmonie und damit zu einer Entgleisung des harmonischen Gleichgewichts.

Streß, Überbelastung, Ernährungsfehler, ein mangelhaft funktionierendes Abwehrsystem, schlechte Sauerstoffversorgung oder seelische Faktoren wie Kummer und Sorgen führen zu Stauungen und zu Fehlfunktionen im Energiesystem.

Die 12 Hauptorgane und die 12 Meridiane, die mit ihnen verbunden sind, stehen in einer unmittelbaren Beziehung zueinander.

Im "Flußbett" der Meridiane fließt der Lebensstrom durch unseren ganzen Körper - aufwärts und abwärts.

Das Strömungsgebiet liegt im Unterhautzellgewebe, ganz flach unter der Haut, die damit das "Tor" für die allesdurchdringende Energie darstellt.

Innerhalb eines 24stündigen Rhythmus vollzieht sich der Umlauf der Lebensenergie durch die 12 Meridiane.

Der Kreislauf der Lebensenergie

Nach Erkenntnissen der altchinesischen Medizin erfolgt in unserem Körper ein dreifach hintereinandergeschalteter Kreislauf von Lebensenergie "Chi" und Blut.

Der 1. Abschnitt erfolgt:
vom Lungen-Meridian, von der Brust zu den Fingern,
zum Dickdarm-Meridian, von den Fingern zum Kopf,
zum Magen-Meridian, vom Kopf zu den Zehen,
zum Milz/Pankreas-Meridian, von den Zehen zur Brust.

Der 2. Abschnitt erfolgt:
vom Herz-Meridian, von der Brust zu den Fingern,
zum Dünndarm-Meridian, von den Fingern zum Kopf,
zum Blasen-Meridian, vom Kopf zu den Zehen,
zum Nieren-Meridian, von den Zehen zur Brust.
Der 3. Abschnitt erfolgt:
vom Kreislauf-Meridian, von der Brust zu den Fingern,
zum Dreifach Erwärmer-Meridian, von den Fingern zum Kopf,
zum Gallenblasen-Meridian, vom Kopf zu den Zehen,
zum Leber-Meridian, von den Zehen zur Brust.

Wenn ein Meridian seine physiologische Aufgabe nicht erfüllt, das heißt, wenn die Lebensenergie "Chi" und Blut nicht ausgewogen und harmonisch zirkulieren, dann kann das zugehörige Organ Schaden erleiden, und es können Krankheitssymptome entlang seiner Bahn auftreten.

Die Funktionsstörung eines Meridians hat innere und äußere Ursachen - die endogenen und die exogenen Krankheitsauslöser.

Die inneren und die äußeren Krankheitsauslöser

Die inneren oder endogenen Krankheitsauslöser gehen auf Unstimmigkeiten und Verwirrungen der Gefühle zurück.

Zorn, Kummer, Sorge, übersteigerte Freude oder Angst bringen den Organismus aus seinem harmonischen Gleichgewicht und führen damit zu Krankheiten, die zuerst die Meridiane und dann die zugehörigen Organe angreifen.

Die äußeren oder exogenen Krankheitsauslöser entstammen klimatischen Faktoren.

Wind, Trockenheit, Feuchtigkeit, Hitze oder Kälte können Auswirkungen nach sich ziehen, die sich im frühen Stadium entlang der Meridiane äußern und die schließlich auf die Meridiane übergreifen können, wenn diese vorher nicht behandelt werden und auskurieren können.

klimatischer oder äußerer Faktor	psychischer oder innerer Faktor	zugehörige Organe
Wind/Zugluft	Zorn	Gallenblase, Leber
Trockenheit	Kummer	Lunge, Dickdarm
Feuchtigkeit	Sorge	Magen, Milz/Pankreas
Wärme	Freude	Herz, Dünndarm
Kälte	Angst	Blase, Niere

Psychische Faktoren als Krankheitsursache

Dazu gehören:
Zorn, Kummer, Sorge, Freude (Hektik, Euphorie) und Angst.

Zorn kann Leber und Stoffwechselkrankheiten auslösen. Eine zornige Gemütsverfassung belastet den Funktionskreis Gallenblase-Leber.

Erkrankungen der Leber äußern sich am Auge (Gelbfärbung) und an einem sauren Geschmack im Mund.

"Jemand ist sauer" oder "blind vor Zorn" verdeutlicht diesen Zustand sprichtwörtlich.

Kummer begünstigt Erkrankungen und Funktionsstörungen im Atmungstrakt.

Eine kummervolle und traurige Gemütsverfassung belastet den Funktionskreislauf Lunge-Dickdarm.

Erkrankungen der Lunge äußern sich an der Nase und am Geruchssinn. "Man kann etwas nicht riechen." Der Geschmack im Mund ist herb.

Lungenkranke sind oftmals traurige und vergrämte Menschen.

Sorge kann zu Schädigungen des Verdauungsapparates führen.

Eine sorgenvolle Gemütsverfassung belastet den Funktionskreis Magen-Milz/Pankreas.

Die Milz hat eine direkte Beziehung zum Mund. Der Geschmack ist süß. Da die Milz stellvertretend für den Verdauungstrakt steht, können sich Verdauungsstörungen durch einen schlechten Geschmack im Mund oder Mundgeruch äußern.

Paradentose und Karies sind Zeichen einer Verdauungsstörung im Mund.

Kranke mit Verdauungsstörungen neigen oft zu nachdenklichem, grüblerischem oder hypochondrischem Verhalten.

Milz und Magen, die den Verdauungstrakt symbolisieren, liegen im Hypochondrium.

"Es liegt etwas schwer im Magen", stellt die sprichwörtliche Beziehung zwischen Sorgen und Magen dar.

Freude, Hektik, Überschwang und Euphorie können zu einer Schädigung von Herz und Kreislauf führen.

Ein Übermaß davon kann die Funktionskreise Herz-Dünndarm und Kreislauf-Dreifach Erwärmer belasten.

Erkrankungen des Herzens werden an der Zunge sichtbar, der Mundgeschmack ist bitter.

"Das Herz zerspringt vor Freude", verdeutlicht diesen unmittelbaren Zusammenhang.

Angst kann zu einer Schädigung der Nieren und zu einem Vitalitätsverlust führen.

Angst belastet den Funktionskreis Blase-Nieren.

Erkrankungen der Nieren äußern sich an den Ohren und dem Gehörsinn. Der Mundgeschmack ist salzig.

Die Nieren dienen nicht nur der Harnproduktion und -ausscheidung, sondern sie sind auch Bewahrer für Lebenskraft und Aktivität. Die Beziehung zwischen dem Hören und der Angst verdeutlicht sich in dem Sprichwort: "Jemand hört schon das Gras wachsen", oder "er stellt sich taub".

Nierenkranke sind meistens geschwächte, sexuell gestörte Menschen, die oftmals sehr furchtsam und ängstlich sind.

Der Zusammenhang zwischen Temperament und Krankheitsneigung

Unterschiedliche Gemütslagen können einen deutlichen Hinweis auf bereits entstandene oder sich entwickelnde Krankheiten geben.

Wirkt nämlich einer dieser psychischen Faktoren intensiv und lange oder auch ganz plötzlich und überaus heftig auf einen Menschen ein, so tritt nach altchinesischer Theorie eine lokale Störung der Blutzirkulation und damit auch eine Funktionsstörung des zugeordneten, inneren Organs auf. Daraus entwickelt sich dann oftmals eine Krankheit, die dadurch entsteht, daß ein Übermaß oder eine Unterdrückung einer seelischen Stimmungslage eine Entgleisung bestimmter Körperfunktionen bewirken können. Es kommt damit zu einer vegetativen Fehlsteuerung des Organismus, die durch eine Überbewertung oder Verdrängung spezifischer Affekte oder Emotionen hervorgerufen worden ist.

Menschliche Charaktertypen, Temperamente und Gemütslagen werden demnach also Erkrankungen gewisser innerer Organe zugeordnet. Die Einteilung der Charaktere stammt von Hippokrates, der 4 Temperamente erkannte und der die Unterschiede zwischen diesen der ungleichen Mischung der körperlichen Grundsäfte - gelbe Galle, Schleim, schwarze Galle und Blut - zuschrieb.

Nach C. G. Jung sind diese Grundsäfte "die subtilen Hormone, die das Gemüt in einem Inbegriff von temperamentmäßigen, emotionalen Reaktionsweisen weitgehend beeinflussen".

Demnach besteht zwischen dem Temperament und der körperlichen Veranlagung ein unmittelbarer Zusammenhang, was zur Folge hat, daß die Krankheitsanfälligkeit durch den seelischen Zustand und damit größtenteils durch das Temperament stark beeinflußt wird.

Dem *Choleriker* wird ein Übermaß an Tatendrang, Robustheit und Willenskraft zugeschrieben.

Seine Krankheiten verlaufen meist heftig und schnell.

Er neigt unter anderem zu Hyperaktivität, Krämpfen, Magengeschwüren, Stoffwechselstörungen und Übersäuerung.

Der *Phlegmatiker* bestitzt Ausdauer und Beständigkeit.

Sein Stoffwechsel ist unausgeglichen und die Ausscheidungsvorgänge reduziert. Da die Schlacken in Feuchtigkeit gehalten werden, ist er eher träge und unaktiv.

Er neigt zu venösen Stauungen, Verstopfungen, Störungen des Fettstoffwechsels, Erkrankung der Schleimhäute.

Der *Melancholiker* sucht die Stille, hat eine Neigung zu Depressionen und Lethargie und ist sehr sensibel.

Er lebt von seiner Substanz - sein Ernährungszustand ist eher schlecht, und er neigt zu chronischen Krankheiten, zu Störungen des Säure-Basen-Gleichgewichts, zu Kreislaufschwäche, Venenproblemen, Rheuma und Verdauungsschwäche.

Der *Sanguiniker* gilt als impulsiv, heiter und unbeständig.

Sein Körper regeneriert sehr schnell, denn sein Stoffwechsel ist ausgeglichen. Er neigt zu heftigen, aber rasch verlaufenden Krankheiten, wobei Herz und Lunge besonders leicht überlastet werden. Er tendiert auch zu einer Störung der Leberfunktion.

Klimatische Faktoren als Krankheitsursache

Die klimatischen Einflüsse wie Wind/Zugluft, Trockenheit, Feuchtigkeit, Wärme und Kälte haben eine große Bedeutung für Gesundheit und Wohlbefinden.

In einer alten chinesischen Überlieferung heißt es:
"Ist der krankmachende Wind siegreich,
ruft er Unruhe hervor.
Ist die krankmachende Wärme siegreich,
ruft sie Entzündungen hervor.
Ist die krankmachende Trockenheit siegreich,
ruft sie Austrocknung hervor.
Ist die krankmachende Kälte siegreich,
so verursacht sie Ödeme.
Ist die krankmachende Feuchtigkeit siegreich,
so verursacht sie Durchfall."

Die alten Heilkundigen erkannten bereits durch genaue Beobachtungen deutliche Zusammenhänge zwischen Klimaeinflüssen und körperlichen Anfälligkeiten. Sie stellten folgende Theorie auf:

- ❏ Nieren und Blase sind anfällig für Kälteeinflüsse
- ❏ Wärme verursacht Störungen im Herz-Kreislauf-System
- ❏ Magenbeschwerden treten vermehrt in feuchter Umgebung auf
- ❏ die Lunge reagiert auf Trockenheit empfindlich
- ❏ Wind ruft Nervosität und Unruhe bei denjenigen hervor, die eine schwache Leber haben.

Auch in der westlichen Medizin ist bekannt, daß es jahreszeitlich bedingte Krankheiten gibt.

Wenn im Frühjahr die Stürme aufkommen, sind viele von einer nervösen Unruhe befallen. Im Sommer beeinträchtigt die Hitze das allgemeine Wohlbefinden - viele leiden dann an Herz- und Kreislaufschwäche. Der Übergang vom Sommer zum Herbst bringt viel Feuchtigkeit mit sich - ein auslösender Faktor für Magenbeschwerden.

Der Winter, die Zeit der Kälte, verstärkt die Krankheitsanfälligkeit von Nieren und Blase.

Für die heilkundigen Chinesen stand fest, daß die klimatischen Einflüsse für das allgemeine Wohlbefinden von entscheidender Bedeutung sind, da diese in das Körperinnere eindringen und die von ihnen bevorzugten Organe damit aus dem harmonischen Gleichgewicht bringen können.

Das Gesetz von den 5 Elementen

"Die 5 Elemente Holz, Feuer, Erde, Metall und Wasser umfassen alle Naturerscheinungen. Sie verkörpern einen Symbolismus, der ebenso auch auf den Menschen anwendbar ist."

Das Element "Holz" dient als Symbol für die Natur, die Bäume, deren hölzener Stamm ihnen Halt und Struktur gibt.

"Holz" wird dem Funktionskreis Gallenblase-Leber zugeordnet. Holz versinnbildlicht das Leben. Ebenso ist die Leber, in der die wesentlichsten Stoffwechselvorgänge stattfinden, lebensnotwendig. Die anderen Organe spielen der Leber gegenüber eine gewisse Hilfsrolle.

❑ Die Nieren scheiden die Stoffwechselprodukte aus. (Wasser)

❑ Die Lungen nehmen den Sauerstoff auf, der als Brennstoff für die Oxydation im Körper dient. (Metall)

❑ Das Herz pumpt die Endprodukte der in der Leber entstehenden Stoffwechselprodukte durch den Körper. ("Feuer")

❑   Die Ausscheidungsorgane sorgen für den Abtransport. (Erde)

Das Zusammenwirken dieser 5 Urkräfte, die unmittelbar aneinander gebunden sind, symbolisiert die makrokosmische Ordnung, die sich im Mikrokosmos des Organismus widerspiegelt.

HOLZ	wird dem Funktionskreis Gallenblase-Leber zu geordnet.
METALL	wird dem Funktionskreis Lunge-Dickdarm zu geordnet.
ERDE	wird dem Funktionskreis Magen-Milz/Pankreas zugeordnet.
FEUER	wird den beiden Funktionskreisen Herz-Dünndarm und Kreislauf-Dreifach Erwärmer zugeordnet.
WASSER	wird dem Funktionskreis Blase-Nieren zugeordnet.

Die 5-Elementen-Lehre ist eine der ältesten chinesischen Theorien, die besagt, daß Gesundheit und Wohlbefinden nur dann möglich ist, wenn zwischen den einzelnen Organen, denen die jeweiligen Elemente zugeordnet sind, eine energetische Ausgewogenheit herrscht.

Die Bedeutung der Funktionskreise

Der Funktionskreis Lunge - Dickdarm

Trauer - Trockenheit

Der innere Krankheitsauslöser "Trauer" entspricht dem äußeren Faktor "Trockenheit". Beides wird dem Funktionskreis Lunge-Dickdarm zugeordnet.

Die wesentliche Ursache einer Erkrankung in diesem Funktionskreis besteht darin, daß der äußere Einfluß Trockenheit auf einen Organismus einwirkt, dessen Immunsystem beeinträchtigt ist.

Wenn die normale Körperflüssigkeit durch Trockenheit herabgesetzt wird, kommt es zu Zirkulationsstörungen, die zu Erkrankungen führen können. Davon wird sowohl die Blutflüssigkeit als auch die Körperflüssigkeit betroffen. Das führt dazu, daß bestimmte Regionen von zuwenig Flüssigkeit umspült werden und daher zuwenig des Energiefaktors YIN zur Verfügung haben, was sich in einem subjektiven Gefühl von Trockenheit äußert.

Können die Abwehrkräfte, die im Blut vorhanden sind, durch diese gestörte Zirkulation nicht mehr bis zur Haut vordringen, so kann an diesen Zonen eine krankhafte Veränderung der Haut auftreten, und es können Stellen entstehen, an welchen Krankheitserreger in den Organismus eindringen.

Eine gestörte, veränderte Haut zeigt den Beginn einer in die Tiefe vordringenden Krankheit.

Eine krankhafte Veränderung eines inneren Organs verursacht nämlich an der reflektorisch mit ihr in Verbindung stehenden Körperoberfläche Strömungsveränderungen der Durchblutung, was eine Hautveränderung hervorrufen kann. (Headsche Zonen)

Durch einen Mangel an Flüssigkeit und damit an YIN kommt es zu einem relativen Überschuß von YANG, was zu einer erhöhten Körpertemperatur und zu einem Gefühl des inneren Ausgetrocknetseins, verbunden mit einem gesteigerten Stoffwechselgeschehen, führen kann. Krankheiten, die zu diesem Funktionskreis gehören, offenbaren sich vornehmlich an der Haut und da vor allem sehr deutlich am verminderten Turgor der Halspartie, wo eine Flüssigkeitsreduktion zuerst offensichtlich wird.

Aber auch die Austrocknung von Nase und oberen Luftwegen wird deutlich empfunden.

"Die Nase ist der Öffner der Lungen", heißt es bei den alten Chinesen. Auffallenderweise zeigen sich Befindlichkeitsstörungen der Lungen an der Gesichtsmimik und einer stark hervorspringenden spitzen Nase.

Trockenheitssymptome zeigen sich also im YANG-Bereich des Körpers im Gesicht. In trockener Luft, wie zum Beispiel in zentralgeheizten Räumen ohne Wasserverdunster, zeigt es sich besonders deutlich, daß die Haut um Mund, Nase und Hals herum zuerst spröde und trocken wird. Die Haut, als die oberste Schicht des Körpers, ist der von außen her einwirkenden Trockenheit am unmittelbarsten ausgesetzt.

Auch in der modernen Medizin ist die Wechselbeziehung von Lunge und Haut bekannt.

Wenn also Trockenheit zu stark auf den Organismus einwirkt, dann ist sowohl die Lebensenergie "Chi" als auch die Zirkulation des Blutes und die Funktionsfähigkeit der Organe gestört, was zu krankhaften Veränderungen im Sinne von "Trockenheit" führen kann. Dadurch ist der normale, ausgewogene Flüssigkeitsspiegel des Organismus beeinträchtigt.

Es entstehen Zustände von Wassermangel, die sowohl als selbständige Krankheiten zutage treten als auch entscheidend zur Komplizierung eines anderen Leidens beitragen können.

Salzmangel führt zu einer Entwässerung des extrazellulären

Raumes, was zu schweren Kreislaufstörungen und damit zu ungenügender Blutversorgung der Organe führen kann.

Trockenheitssymptome äußern sich in Form von:

❑   trockenem Mund und Rachen
❑   trockenen Lippen und Nase
❑   trockener Haut mit Faltenbildung und Schuppen
❑   zähem Speichel
❑   trockenem, hartem Stuhl.

Auch ein "Globusgefühl" im Hals - häufig in Verbindung mit einer verspannten Nackenmuskulatur und Sprechschwierigkeiten, bedingt durch einen trockenen Mund und Rachen, zählen zu dieser Symptomgruppe.

Menschen, die zu Trockenheits-Krankheiten neigen, sind meist groß gewachsen, schlank, mit schmalem Brustkorb, in leicht gebückter Haltung und ungelenken Bewegungen, was den Eindruck von Traurigkeit, Verschlossenheit und Kontaktarmut erweckt.

Oftmals handelt es sich auch um äußerst introvertierte oder egozentrische Außenseiter, die in ihrem starren Verhaltensmuster festgefahren zu sein scheinen.

Es sind also die "vertrockneten", humorlosen, verbitterten und gebückten Menschen, denen die Yin-Säfte fehlen und die damit aus dem harmonischen Fließgleichgewicht der Körperflüssigkeit geraten sind.

Wirkt Trauer im Übermaß, dann führt das zu extremer Müdigkeit bis hin zur Erschöpfung und tiefster Resignation.

Trauer führt häufig zum Weinen, Schluchzen, Seufzen, und dadurch kommt es zu einer verstärkten Atemtätigkeit und einer Veränderung der Lungenfunktion.

Durch Weinen entsteht eine zusätzliche Müdigkeit, womit die Empfindungen herabgemildert und gedämpft werden. Es ist somit eine Schutzfunktion des Körpers, der sich damit einer Überbeanspruchung entzieht und entlastet wird.

Trauer und Resignation können eine Erkrankung des Bezugsorgans Lunge auslösen. Asthmatiker und Lungenkranke sind in der Regel die Traurigen schlechthin.

Außerdem kann es zu Schmerzerscheinungen und muskulären Verspannungen im oberen Thoraxabschnitt kommen, da dieses Gebiet mit dem Bezugsorgan Lunge in einer reflektorischen Beziehung steht. Redewendungen wie "Kummerrücken", "Witwenhöcker" oder "gramgebeugt" verdeutlichen die unmittelbare Beziehung zwischen oberem Rücken und den Gefühlen der Trauer, Mutlosigkeit und Verzweiflung. Die Lunge steht aber auch in unmittelbarer Beziehung zur Atmungsfunktion, zum Brustkorb sowie zum Zwerchfell, zum Nasentrakt und zur Brustwirbelsäule.

"Die Trauer liegt wie ein Stein auf der Brust", oder "man weint sich die Seele aus dem Leib", verdeutlichen diese Zusammenhänge - meist begleitet von Schluchzen, Weinen und Seufzen. Traurigkeit und Kummer prägen das Aussehen eines Menschen deutlich und zeigen sich in einer gebückten Haltung, einer blassen Gesichtsfarbe und hängenden Mundwinkeln.

Starke Traurigkeit und übertriebene Fröhlichkeit liegen oft ganz dicht beieinander, und es besteht auch eine gewisse Ähnlichkeit zwischen hektischem Lachen und heftigem Weinen.

Ein Beispiel dafür sind die Hofnarren früherer Zeiten, deren überschwengliche Fröhlichkeit einerseits eine Überkompensation ihrer Traurigkeit darstellte und andererseits Ausdruck von bitterem Zynismus und Pessimismus gewesen ist.

Aus der Volksmedizin ist eine schnelle Hilfe gegen Weinkrämpfe überliefert. Diese liegt in einer Überstreckung des Daumengrundgelenks, wodurch es zu einem heftigem Ausatmen und damit zu einer sofortigen Beruhigung des Gemüts kommt.

Auch Atemtherapie, positive Suggestionen und die Visualisierung von Farben sind hervorragend dazu geeignet, die Gemütslage zu beeinflussen, was meist zu einer raschen Beruhigung und damit zu einer Entlastung der Psyche führt.

Nach schweren Schicksalsschlägen und großem Kummer ist

man naturgemäß geschwächt und damit anfälliger für Krankheiten jeglicher Art.

Dem kann man entgegenwirken, indem man für Ausgleich und Entspannung sorgt, was durch Massage, Bewegung an frischer Luft, Yoga oder Meditationen mit Farben, Düften und Klängen geschehen kann. Ausführliche Anleitungen finden Sie in meinem "Farben-Heilbuch".

In jedem Leben gibt es mehr oder weniger gewaltige Höhen und Tiefen, das gehört zu unserer Läuterung hier auf Erden.

Wenn man aber eine solche "Talwanderung" gerade vollziehen muß, so sollte man sich ganz bewußt um einen seelischen Ausgleich bemühen und versuchen, wieder zur Ruhe zu kommen, um dadurch neue Energien und Lebensfreude zu gewinnen.

Auch das Beten ist eine hilfreiche Form der Selbstheilung und eine gewaltige Kraftquelle, wenn man sich in tiefster Not und Verzweiflung befindet - aber natürlich nicht nur dann.

Es hat sich überdies gezeigt, daß Menschen, die ihr Leben zur Entfaltung ihrer Persönlichkeit nützen und dieses bewußt und einsatzfreudig leben, damit auch die besten Abwehrkräfte und die größte Überlebenschance haben.

Außerdem ist es sehr wichtig, sich öfter einmal selbst eine Freude zu machen, indem man sich einen Wunsch erfüllt oder eine Bequemlichkeit gönnt, denn die Freude ist ein ganz wesentlicher Faktor, wenn es um das körpereigene Abwehrsystem und damit um Gesundheit und Wohlbefinden geht.

Und noch etwas:

Haben Sie mit sich selbst Geduld und lassen Sie sich Zeit, schmerzhafte Gefühle zu verarbeiten, damit die inneren Wunden ausheilen können, denn das Immunsystem funktioniert immer nur so gut, wie Körper, Geist und Seele, mit denen es untrennbar verbunden ist.

Der Funktionskreis Milz/Pankreas-Magen

Sorge - Feuchtigkeit

Der innere Krankheitsauslöser "Sorge" entspricht dem äußeren Faktor "Feuchtigkeit". Beides wird dem Funktionskreis Milz/Pankreas-Magen zugeordnet.

Feuchtigkeit bedeutet auch das "Schwere", "Unbewegliche", "Herabsinkende", das "dumpf und tief Empfundene" - die "Schwellung".

Wenn die Abwehrkraft - besonders durch Verdauungsstörungen bedingt - reduziert ist, dann kommt es leicht zu Erkrankungen, die mit folgenden Symptomen verbunden sind:

❑ Ödemneigung
❑ Erschöpfungszustände
❑ Völlegefühl
❑ Blähungen
❑ Durchfall.

Diese Symptome verdeutlichen eine Flüssigkeitsansammlung am Ort der Beschwerden. Eiweißmangel und Störungen der Resorption aus dem Darm führen zu Ödembildung. Unterschenkelödeme sind ebenso wie ein geblähter Bauch und Durchfall Zeichen einer Gärung im Darmtrakt und damit Anzeichen eines gestörten Flüssigkeitshaushalts.

"Aufgeblasen-Aufgeschwemmt-Aufgedunsen-sein" sind charakteristische Merkmale von Feuchtigkeit, die sich vorwiegend am Bauch, Oberschenkel und an den Unterschenkelinnenseiten zeigen.

Die Beschwerden haben also die Tendenz, in die Peripherie hinabzusinken, um dort Stauungen zu verursachen, wobei Ort und Intensität der Beschwerden immer gleichbleibend sind.

Feuchtigkeitskrankheiten sind meist chronisch und damit schwer zu beherrschende Leiden. Wenn dieser Funktionskreis normal funktioniert, sind Lippen, Mund und Zunge gut befeuchtet.

Die Milz ist für die Feuchtigkeit im Mund verantwortlich, und daher weist ein trockener Mund auf Störungen in diesem Organ hin. Es besteht ein unmittelbarer Zusammenhang zwischen Nahrungsaufnahme und Verdauung sowie zwischen vorderer Körperseite, Gesicht und untere Extremitäten.

Die Meridianverläufe dieser beiden Funktionskreise stimmen mit jenen Arealen überein, von welchen aus auf Störungen des Verdauungstrakts und des Flüssigkeitshaushalts mittels der Farbtherapie wirkungsvoll Einfluß genommen werden kann.

Psychische Faktoren, die sich als Störungen in diesem Funktionskreis äußern können, sind folgende:

❑   Sorgen und Befürchtungen
❑   starker Materialismus
❑   ausgeprägter Egoismus
❑   Hypochondrie.

Feuchtigkeit wird subjektiv als Kraftlosigkeit, Müdigkeit, weiche Knie und schwere Glieder empfunden, oftmals verbunden mit einer Leere im Kopf und einem Völlegefühl im Bauchraum.

Besonders anfällig für Feuchtigkeitskrankheiten ist der typische Phlegmatiker, bleich, mit schlecht durchbluteter Haut und aufgedunsenem Gesicht, einem müden Gesichtsausdruck und trägen, langsamen Bewegungen.

Er neigt zu Verdauungsstörungen, Hypotonie, Schilddrüsenunterfunktion und zu Ödemen und Krampfadern.

Seinem Wesen nach ist er wortkarg und meistens schlecht gelaunt, verbunden mit einer stark ausgeprägten Sorge um materiellen Wohlstand und orale Genüsse, die ihm äußerst wichtig erscheinen.

Der Magen wird als "Resonanzboden für Stimmungen" bezeichnet - und vielfach zeigt es sich tatsächlich, daß quälende Sorgen, hypochondrische Beschwerden, Trübsinn und Übellaunigkeit mit einer schlechten Magenfunktion Hand in Hand gehen.

Wirken die psychischen Faktoren im Übermaß, dann lösen sie in einem Menschen Depressionen, Schlaflosigkeit, Trübsinn - der sich bis zum Lebensüberdruß ausweiten kann - und eine allgemeine Antriebslosigkeit und Lustlosigkeit aus.

Appetitlosigkeit oder Völlegefühl, was psychisch betrachtet den Zustand des "Angespeist-Seins" ausdrückt, sind ebenso typische Symptome, wie Freßsucht oder Heißhunger, die ein "Unersättlich-Sein" und ein "Nicht-genug-bekommen-können" ausdrücken. Das läßt sich auch in einer entsprechenden Gesichtsmimik deutlich erkennen - besonders um den Mund herum.

Krankheit ist immer eine Beeinträchtigung des ganzen Menschen - es ist der Hilferuf einer "gekränkten" Seele, die auf emotionaler Ebene eine schmerzhafte Verletzung erlitten hat.

Sie ist - ebenso wie die Gesundheit - Ausdruck des seelisch-körperlichen Gleichgewichts und der inneren Harmonie.

Wenn man es schafft, die inneren Gegensätze miteinander in einen harmonischen Einklang zu bringen und damit eingekehrt in die Ruhe des ewigen Seins - das die alten Chinesen TAO nannten -, dann wird man nicht krank, denn dann befindet man sich in der gesetzmäßigen, kosmischen Ordnung, und die ist vollkommen und unfehlbar.

Krankheitssymptome haben sowohl einen hinweisenden als auch einen auffordernden Sinn, denn sie weisen darauf hin, daß etwas aus der gesetzmäßigen Ordnung geraten ist und fordern damit auf, die Störung dieser Ordnung zu beseitigen.

Eine alleinige Behandlung der Symptome führt jedoch nie zur vollkommenen Heilung, sondern nur zu einer Symptomverschiebung, wie das ein Bericht amerikanischer Ärzte beweisen konnte, wonach Patienten, die an Magengeschwüren operiert wurden, nach dem Eingriff zwar frei von Magenschmerzen waren, jedoch bereits nach kurzer Zeit andere Störungen aufwiesen, wie zum Beispiel Herzbeschwerden, allgemeine Schwächezustände oder Depressionen.

Die Funktionskreise Herz-Dünndarm und Kreislauf-Dreifach Erwärmer

Freude, Sympathie - Wärme

Die beiden Funktionskreise Herz-Dünndarm und Kreislauf-Dreifach Erwärmer entsprechen den inneren Faktoren Freude und Sympathie und dem äußeren Faktor Wärme.

Freude und Sympathie sind Ausdruck einer glücklichen Empfindung, welche die Funktion der inneren Organe und des Immunsystems stark anregt und fördert.

Das Herz steht symbolisch für die Psyche, für Herz-, Gehirn- und Kreislauffunktion, für das Gefäßsystem und für das Blut.

Die psychischen Faktoren Freude und Sympathie haben eine unmittelbare Beziehung zur Zunge und damit zur Sprache und auch zum Kreislaufsystem.

Die Beziehung zwischen Herz und Freude verdeutlicht sich in der Redewendung "sich herzlich freuen" oder "das Herz schlägt vor Freude zum Zerspringen".

Das Herz ist aber auch gleichzeitig der Auslöser der Zunge, wie das in dem Begriff "jemand trägt sein Herz auf der Zunge" zum Ausdruck kommt.

Wirken Freude und Sympathie hingegen im Übermaß, dann entsteht daraus Maßlosigkeit, Genußsucht, Wollust, Erregung, Eifersucht, und es kommt zu übertriebenen "High-Live-Gefühlen", die einen hochaktiv, launisch und hektisch machen.

Von einer inneren Unrast gepackt, erkennt man seine Grenzen nicht mehr und ist gereizt und schlaflos.

Störungen in diesen Funktionskreisen haben Herz- und Kreislauferkrankungen und vegetative Fehlfunktionen zur Folge, wie das bei den "überaktiven Managertypen" tatsächlich oft der Fall ist. Psychische Überlastungen zeigen sich deutlich in muskulären Verspannungen im Nackenbereich.

"Hartnäckig" und "halsstarrig" setzt man sich mit Überbelastungen und Streßsituationen auseinander, was sich am Trapezmuskel des Halses deutlich macht, weshalb man ihn auch als "psychischen Erfolgsmuskel" bezeichnet.

Die inneren Faktoren Freude und Sympathie lösen den äußeren Faktor Wärme aus - und diese wird vorwiegend in der oberen Körperhälfte empfunden, da diese mit dem Herzen reflektorisch in Beziehung steht.

Das Herz gilt als Symbol der Psyche, und es wird auch als "Herr der inneren Organe und aller Gemütslagen" bezeichnet. Demnach sind alle Gemütsbewegungen wie Trauer, Sorge, Zorn, Angst, Freude und Sympathie letztendlich Ausdrucksformen des Herzens, und alle Veränderungen, die infolge der einzelnen Gemütslagen entstehen, haben demnach eine unmittelbare Rückwirkung auf das Herz, da sie das seelische Gleichgewicht beeinflussen und eine Wirkung auf den Kreislauf ausüben.

Die verschiedenen Gemütslagen können sich auch gegenseitig beeinflussen, steuern, verdrängen oder anregen.

So wirkt zum Beispiel die Sympathie der Angst entgegen, Zorn wirkt der Sympathie entgegen, oder Sympathie wird zur Enttäuschung und dann schließlich zum Kummer.

Wärme wird nach der traditionellen chinesischen Medizin dem Feuer und damit dem Energiefaktor YANG zugeordnet.

Wärme beziehungsweise Hitze können bei starker Einwirkung auf den Organismus brennende, hitzige Beschwerden auslösen, wie zum Beispiel eine zu intensive Sonnenbestrahlung zu Sonnenbrand führen kann, was brennende, hitzige und gerötete Hautveränderungen hervorruft.

Krankheiten, die mit einer Temperaturerhöhung verbunden sind, gehören in diese Gruppe.

Auch Wallungen, wie zum Beispiel im Klimakterium und Entzündungen, die mit einem brennenden, hitzigen Gefühl verbunden sind, passen in diese Kategorie.

Durch Viren oder Bakterien bedingte fieberhafte Entzündungen, Schüttelfrost sowie Kopf-, Nacken- und Rückenschmerzen werden einer Funktionsstörung des Dünndarm-Meridians zugeordnet.

In diesem Fall ist eine Hautausleitung durch schweißtreibende Mittel in Form heißer Kräutertees sehr wirksam.

Beim Auftreten von Verdauungsstörungen und Fieber sowie bei Infektionskrankheiten ist eine Ausleitung durch den Verdauungstrakt eine zusätzliche Hilfe.

Besonders anfällig für Wärme-Krankheiten sind sehr lebhafte, aktive, hektische und vielseitige Menschen, die oftmals recht laut und ausdruckstark sind.

Sie haben meistens einen grazilen Körper mit geringem Fettansatz, sind sehr humvorvoll und kontaktfreudig und oftmals mit phantastischen Ideen und realitätsfernen Plänen behaftet. Es sind die geborenen Sanguiniker, die sich spontan für etwas begeistern und einsetzen können.

Typische Symptome von Menschen mit dieser Konstitution sind:
❑ erhöhter Blutdruck
❑ Schilddrüsenüberfunktion
❑ Schlafstörungen
❑ Herz- und Kreislauferkrankungen.

Das Immunsystem, das für unsere Gesundheit und unser Wohlbefinden ganz entscheidend ist, wird sehr tiefgreifend von Gedanken, Gefühlen und Empfindungen gesteuert und beeinflußt.

Sowohl die Gehirnzellen als auch die Abwehrzellen produzieren Signalelemente, über welche sie sich gegenseitig Informationen zukommen lassen, die über ihren Zustand Auskunft geben.

Messungen haben gezeigt, daß positive Gedanken und freudige Ereignisse die Zahl der Abwehrzellen erhöhen und ihre Aktivität enorm steigern.

Spaß, Entspannung und Freude machen auch das Blut dünnflüssiger und schützen somit vor Herzinfarkt und Schlaganfall.

Es ist wissenschaftlich erwiesen, daß sich bei seelischen Erregungen die chemische Zusammensetzung des Blutes verändert und daß sich bei Streß und ständiger Überforderung des

Körpers auch der Cholesterinspiegel erhöht, was ebenso ein gefährlicher Risikofaktor für den Herzinfarkt ist.

Krank ist niemals nur der Körper, sondern immer auch die Seele und somit der ganze Mensch, in seiner Gesamtheit von Körper, Seele und Geist.

"Die Seele wirkt mittels des Leibes, und der Leib wirkt mittels der Seele", sagte Hildegard von Bingen (1098-1179).

Diese wechselseitige Beeinflussung erfolgt im Unterbewußtsein und entzieht sich somit dem Verstand und dem Willen.

Mit positiven, heilungsfördernden Autosuggestionen kann man die unbewußten Seelenzustände jedoch sehr gezielt und wirkungsvoll beeinflussen.

Im Unterbewußtsein sind alle jemals wahrgenommenen Sinnesreize und Gefühle wie in einem Computer aufgezeichnet und gespeichert. Es ist nicht zur Logik und zu eigenen Schlüssen fähig, sondern wird nur vom Gefühl beherrscht.

Deshalb ist es sehr wichtig, sein Unterbewußtsein richtig zu steuern und zu programmieren.

Am wirkungsvollsten geschieht das mit möglichst lebhaften Gedankenbildern, Vorstellungen und Wünschen, die sich im Geiste schon erfüllt haben - denn die positive, visuelle Vorstellungskraft hat den höchsten Wirkungsgrad.

Es ist nämlich sehr wichtig, daß man sich bei der Formulierung seiner Autosuggestionen immer in den Zustand versetzt, in dem das Gewünschte bereits realisiert ist.

Worte können manchmal mehrere Bedeutungen haben, und nachdem das Unterbewußtsein nicht in der Lage ist, logisch zu denken, muß die Formulierung der positiven Autosuggestionen sehr klar und deutlich ausgedrückt sein.

Es reicht nicht aus, wenn man sich beispielsweise geistig einprogrammiert, bald wieder ganz gesund zu sein. Das Unterbewußtsein braucht klarere und deutlichere Anweisungen, um seine Aufgabe zufriedenstellend erfüllen zu können.

Wenn Sie jedoch Ihrem Unterbewußtsein eine ganz klare

Vorstellung übermitteln und sich dabei im Geiste bereits gesund, aktiv und lebensfroh in ihrem Alltag stehen sehen, dann läßt es sich überzeugen und verhilft Ihnen zu vollkommenen Ergebnissen Ihrer Wünsche. Die richtige Formulierung könnte in diesem Fall folgendermaßen lauten: Vollkommene Gesundheit, Glück und Zufriedenheit liegen jetzt vor mir. Mein Leben ist unbeschreiblich schön, denn durch die Liebe Gottes ist mir die Kraft gegeben, alle meine Aufgaben zum Wohle meiner Mitmenschen und zum Heil meiner Seele zu erfüllen.

Der Funktionskreis Nieren-Blase

Angst - Kälte

Der innere Krankheitsauslöser "Angst" entspricht dem äußeren Faktor "Kälte". Beide sind dem Funktionskreis Niere-Blase zugeordnet.

Kälte- und Angstempfindungen äußern sich ähnlich: Schultern hochziehen, Gänsehaut, zittern - all das sind Zeichen eines erhöhten YANG-Zustandes, der dem äußeren Faktor Kälte - YIN entgegenwirkt.

Auch subjektiv empfindet man Kälte und Angst ähnlich. Redewendungen wie "die Angst im Nacken" oder "es läuft einem kalt über den Rücken", verdeutlichen diesen Zusammenhang.

Die traditionelle chinesische Medizin setzt die Nieren mit Kälte, Angst, Sexualität und Vitalität in Beziehung.

Furcht und Angst sind psychisch Faktoren, die sich sowohl auf Nieren, Blase und Harntrakt als auch auf die Sexualität und die allgemeine Lebenskraft erstrecken. Die unmittelbaren Zusammenhänge zwischen gestörter Sexualität und verdrängten Angstgefühlen sind erwiesen.

Vielfach sind verkrampfte, gehemmte und überängstliche Menschen in ihren zwischenmenschlichen Beziehungen empfindlich gestört. Das Wort "Frigidität" verdeutlicht sexuelle Störungen, die aus Angst vor der Sexualität zutage treten und damit eine Gefühlskälte auslösen.

Angst ist ein deutlich erkennbares Zeichen für höchstgradige, psychische Belastungen.

Wirkt die Angst im Übermaß, dann ist man unsicher, schreckhaft und nur sehr gering belastbar und zeigt dementsprechende Überreaktionen in Form fixierter Verhaltensweisen und neurotischer Zwangsvorstellungen, wodurch eine Störung der Bezugsorgane Nieren-Blase begünstigt wird. Die Nieren sind als Filterorgane für die Ausscheidungsfunktion des Körpers zuständig.

Schüchternheit, Unsicherheit, Abhängigkeit oder Furcht sind Gemütsäußerungen, die dem Willen und der Entschlußkraft unterliegen und die mit den Organen Nieren-Blase unmittelbar verbunden sind. Eine gesunde und normale Ausdrucksweise dieser Gefühle bedeutet dagegen Anerkennung der eigenen Grenzen und ein gesundes Bewußtsein von Gefahren und Risiken, ebenso Mut, in Verbindung mit einer ausgewogenen Zielstrebigkeit, Willenskraft und Entschlußfreudigkeit. Mut verdeutlich nämlich ein gehöriges Maß an Selbstbewußtsein, Zuversicht und Gottvertrauen - wobei Tollkühnheit nicht mit Mut verwechselt werden darf.

Der äußere Faktor Kälte und der innere Faktor Angst werden in ihrer Auswirkung bestimmten Abschnitten der Körperoberfläche zugeordnet, nämlich Nacken, Rücken, Beine und Füße. Diese Körperteile reagieren besonders empfindlich auf Kälte, die hier besonders deutlich verspürt wird.

Kälte-Krankheiten dringen am Rücken und an den Füßen in das Innere des Körpers ein und beeinträchtigen damit seine Funktionsfähigkeit.

Kalte Füße stellen oftmals den Beginn einer Erkältungskrankheit dar, weshalb ein heißes Fußbad, das sofort genommen werden sollte, eine wichtige Gegenmaßnahme darstellt.

Durch die Einwirkung von Kälte verringern sich die körperlichen Funktionen - die Blutzirkulation und der Stoffwechsel verlangsamen sich, Arme und Beine werden steif, und eine Gefühllosigkeit und Schmerzunempfindlichkeit machen sich bemerkbar.

Kälte wird dann zur Ursache vielerlei Krankheiten, wenn entweder die Einwirkung sehr extrem war, oder wenn die körperliche Abwehrkraft geschwächt ist.

Ein übermüdeter, stark belasteter und ängstlicher Mensch friert leichter und ist daher für Kälte-Krankheiten anfälliger.

Meist sind es kontaktarme, gehemmte, furchtsame Menschen mit geringem Selbstvertrauen, die damit einen unsicheren, schutzsuchenden Eindruck vermitteln, sehr empfindlich sind und leicht frösteln. Sie zeigen eine verstärkte Neigung zu Hypotonie, Anämie und zu Erkrankungen des Urogenitaltraktes.

Störungen der zugeordneten, vegetativen Funktionen äußern sich mitunter auch in spontanem Harnverlust - wie es zum Beispiel öfters bei Kindern vorkommt, die vor etwas große Angst haben.

So wie das Fieber ein Zeichen dafür ist, daß sich der Körper in einem Abwehrkampf befindet, so ist die Angst ein Zeichen dafür, daß etwas von der richtigen, gesetzmäßigen Ordnung abweicht. Aus dem Mißverhältnis von innerer und äußerer Harmonie entstehen Spannungen, die eine Störung des Seelenlebens und damit Angst auslösen. Die Ängste sind vielfältig und beziehen sich auf alle Lebensbereiche.

Es ist die Angst vor Krankheit, vor Verlusten, vor der ungewissen Zukunft, vor Armut, vor dem Alter oder vor dem Tod - um nur einige Beispiele zu nennen.

Wir sollten uns dabei aber immer vor Augen führen, daß die Angst nicht durch unsere äußeren Lebensumstände ausgelöst werden kann, sondern einzig und allein nur von unserer geistigen Einstellung und den Gedanken und Gefühlen in Gang gesetzt wird.

Wenn man in sich die Angst vor Versagen und Mißerfolge aufkommen läßt, so begibt man sich auf eine Bewußtseinsstufe, auf welcher man dieses Versagen selbst für möglich hält und sich deshalb davor ängstigt, weil man sich nicht zutraut, den Erwartungen der anderen gerecht zu werden.

Indem man das aber selbst glaubt und herbeifürchtet, zieht man die Angst förmlich wie ein Magnet an, und sie verdichtet sich im Inneren immer mehr.

Richtet man beispielsweise sein ganzes Sinnen und Trachten ausschließlich auf materielle Werte aus, so gesellt sich zwangsläufig auch die Angst vor Verlusten dazu, die man dann immer wieder befürchtet. Da dieses Denken einseitig und damit kopflastig ist, zieht es die Angst ganz automatisch an.

Angst haben bedeutet, innerlich verengt, blockiert, erstarrt zu sein. Ängstliche Gedanken versetzen die Urkraft der Seele in einen Zustand der Machtlosigkeit, sie blockieren damit die innere Kraftquelle und beeinträchtigen das innere Licht.

Seneca (4 v. Chr. bis 65 n. Chr.) sagte dazu:

"Unglücklich ist die Seele, die des Zukünftigen wegen ängstlich ist. Elend ist schon vor dem Elend bei dem, der in Sorge schwebt - ob das, woran er sich erfreut, ihm auch bis ans Ende verbleiben werde. Er wird zu keiner Zeit Ruhe haben - und damit auch das Gegenwärtige, das er genießen könnte, verlieren.."

Ein Leben ganz frei von Kummer, Sorgen, Enttäuschungen und Mißerfolgen gibt es nicht, aber es ist so wichtig, diese Empfindungen nicht durch angsterfüllte Gedanken zu nähren und damit immer raumgreifender werden zu lassen, denn damit beherrschen sie einen immer mehr und werden schließlich zu einer unerträglichen Last, die einen bedrängt und quält und die letztlich zu einem Krankheitsauslöser wird, da die körperlichen Abwehrkräfte, die nach solchen seelischen Belastungen ohnehin schon sehr geschwächt sind, dem unerträglich gewordenen inneren Druck, der immer stärker wird, nicht mehr standhalten können. Durch gezielte Autosuggestionen ist es uns immer möglich, unser Bewußtsein mit positiven, aufbauenden Denkmustern zu beeinflussen, denn jeder gute Gedanke gibt eine ungeheure

Kraft, die sich im Inneren festsetzt und dort ganz unbewußt ihre heilsame Wirkung entfaltet.

Der Funktionskreis Gallenblase-Leber

Zorn - Wind/Zugluft

Der innere Krankheitsauslöser "Zorn" entspricht dem äußeren "Wind/Zugluft". Beides wird dem Funktionskreis Gallenblase-Leber zugeordnet.

Innere und äußere Unruhen und Turbulenzen sind charakteristisch für die dazu zählenden Krankheitssymptome.

Wenn Zorn, Wut und Aggressivität im Übermaß wirken, dann ist der betreffende Mensch explosiv, unberechenbar, unbeherrscht und verbissen. Leicht reizbar, aufbrausend und jähzornig, entschlossen, energisch und selbstgerecht duldet er keinen Widerspruch.

Im Volksmund verdeutlicht der Ausspruch "mir geht die Galle hoch" oder "es ist ihm etwas über die Leber gelaufen" die Beziehung zwischen Leber/Galle und einer zornigen Gemütsverfassung. Ein "hitziger Charakter - rot vor Zorn" wird damit assoziiert. Die traditionelle chinesische Medizin beschreibt den Zorn als den "seelischen Zustand eines Menschen, der seine Angelegenheiten nicht glatt und vollständig erledigen kann. Dieses Unerledigte führt zu einer weiteren Veränderung der Gemütslage, woraus eine Erkrankung der Leber entstehen kann."

Das ist jedoch nicht mit einem "gerechten Zorn" zu verwechseln, denn dieser ist ein gesunder, notwendiger Drang, den man oftmals einsetzen muß, um Hindernisse und Schwierigkeiten nicht einfach zu akzeptieren, sondern zu bereinigen - notfalls damit, daß man einmal "mit der Faust auf den Tisch schlägt".

Vom Äußeren her sind es die cholerischen, athletisch gebauten, realistischen und zielstrebigen Menschen, die für die Wind/Zugluft-Krankheiten anfällig sind.

Häufig neigen sie zu Hypertonie, akuten Gelenkbeschwerden und Koliken, wobei die Leber, die für das Stoffwechselgeschehen verantwortlich ist, eine Funktionsstörung aufweist.

"Blitzartig, beweglich, stark wechselnd" sind Merkmale der Wind/Zugluft-Krankheiten.

Zu den Auslösern zählen:

❑ der Wechsel von Luftdruck
❑ Klimaveränderung
❑ Temperaturschwankungen
❑ Föhneinwirkungen.

Die dadurch ausgelösten Krankheiten sind durch oberflächlich lokalisierte, blitzartig wechselnde, zentrifugal ausstrahlende Beschwerden geprägt, die oft ganz plötzlich und attackenartig auftreten können, wie zum Beispiel Koliken oder Neuralgien. Aber auch reißende, ziehende, bewegungsabhängige Schmerzen, wie Rheumatismus, Gelenkbeschwerden oder Muskelschmerzen, zählen dazu, ebenso Krankheiten, die ganz plötzlich beginnen, sich sehr schnell ausbreiten und wechselnde Schmerzzustände aufweisen, wie etwa allergische Hautveränderungen oder Schwindelzustände.

Ein weiteres, deutliches Merkmal ist die Leichtigkeit, mit welcher sich diese Krankheiten nach oben hin ausbreiten, wie es bei Kopfschmerzen, Infektions- oder Erkältungskrankheiten der Fall ist. Wirken die äußeren Faktoren Wind/Zugluft im Zusammenhang mit Feuchtigkeit und Kälte auf den Organismus ein, dann verdeutlichen sich die ausgelösten Erkrankungen auch durch Kälte-Symptome wie Frösteln, Verkühlen oder grippale Effekte.

Wind/Zugluft in Verbindung mit Feuchtigkeit lösen Erschöpfungszustände oder Erkrankungen des rheumatischen Formenkreises aus. Zum Krankheitsauslöser wird der klimatische Faktor Wind/Zugluft jedoch immer erst dann, wenn die körperlichen Abwehrkräfte geschwächt sind.

Bei den meisten Krankheiten handelt es sich im Grunde um ein

Mißverhältnis zwischen der Leistungsfähigkeit des Abwehrsystems und den eindringenden Krankheitserregern.

Es ist also sehr wichtig, das Immunsystem zu stärken und anzuregen. Wenn man sich vor Augen führt, welche unvorstellbaren Leistungen unser Körper für uns bewältigt und welche wunderbaren Kräfte in uns am Werke sind, um Krankheitserreger ständig anzugreifen, zu bekämpfen und unwirksam zu machen, dann bekommt man eine leise Ahnung von der enormen Bedeutung des Immunsystems.

Wut, Haß und Zorn sind negative Gedankenstrukturen, welche die körperlichen Abwehrkräfte ganz empfindlich belasten und schädigen. Durch eine bewußte Kontrolle seiner Emotionen kann man sein Abwehrsystem aktiv und wirkungsvoll unterstützen. Zur Regenerierung und Aktivierung der Abwehrkräfte gibt es jedoch noch weitere Möglichkeiten.

Ausreichender Schlaf, viel Bewegung in frischer Luft, Wechselduschen, Kneippgüsse oder Bürstenmassagen sind ebenso wichtig für ein gut funktionierendes Immunsystem wie eine natürliche, enzymreiche und vollwertige Ernährung, eine geregelte Verdauung und eine weitgehende Vermeidung von Genußgiften. Wertvolle Tips zu diesem Thema finden Sie in meinem "Handbuch der heilenden Energien".

(Um das Gift einer einzigen Zigarette zu entschärfen, sind Tausende von Abwehrreaktionen des Immunsystems erforderlich!)

Auch beruhigende Musik stärkt das Abwehrsystem, indem sie im Gehirn bestimmte Reaktionen hervorruft, die eine aufbauende Wirkung haben. Die Thymusdrüse ist das wichtigste Organ zur Aufrechterhaltung des Immunsystems.

Sehr wichtig ist jedoch die Erkenntnis, daß Gedanken, Gefühle, Empfindungen und Emotionen im Körper einen chemischen Prozeß in Gang setzen, wodurch die Abwehrkräfte gestärkt oder geschwächt werden, je nachdem, in welche Richtung sie tendieren. Das Immunsystem ist also vom psychischen Zustand eines Menschen ganz entscheidend abhängig.

Positive Gedanken, Fröhlichkeit und Optimismus setzen im Körper Stoffe frei, die sofort die Abwehrkräfte mobilisieren und damit die Selbstheilungskräfte des Organismus reaktivieren.

Man kann eine geschwächte Thymusdrüse innerhalb kurzer Zeit stärken, indem man mit den Fingerspitzen leicht auf die Brustmitte (KG 18) klopft (24mal).

Die Polarität

Alles, was in der Natur existiert, beruht auf einer ständig fließenden, wellenartigen Wandlung der beiden Energiefaktoren YIN und YANG, zweier Gegensätze, die sich vollkommen ergänzen, denn ein Pol besteht aus der Existenz des anderen.

Himmel YANG und Erde YIN

Licht YANG und Schatten YIN befinden sich in einem ständigen Wechsel.

Dominiert der eine Energiefaktor, so zieht sich der andere zurück und umgekehrt.

"YIN und YANG bedeuten das TAO des Himmels und der Erde", sagen die alten chinesischen Heilkundigen und meinen damit das Grundgesetz der Einigkeit und Gegensätzlichkeit in der Natur. Die Eigenschaften von YIN und YANG sind somit nicht in einem absoluten, sondern in einem relativen Sinn zu verstehen.

Auch der menschliche Körper unterliegt dem bipolaren Prinzip der beiden Energiefaktoren YIN und YANG.

YANG	YIN
Körperoberfläche	Körperinneres
Rückgrad/Rücken	Brust/Bauch
Fieber	Untertemperatur
akut	chronisch
fortschreitend	zurückgehend
hastig	zögernd
Lebensenergie "Chi"	Blut
Gas	feste Masse
Gallenblase	Leber
Dünndarm	Herz
Magen	Milz/Pankreas
Dickdarm	Lunge
Blase	Nieren
Dreifach Erwärmer	Kreislauf-Sexus

Das Verhältnis von Körperoberfläche YANG und Körperinneres YIN ist auch innerhalb des Körpers in dem Sinne gleichbleibend, daß die Oberfläche jedes Organs YANG und sein Inneres YIN ist. Diese Polarität erstreckt sich bis in die einzelnen Zellen, aus welchen ein Organ aufgebaut ist.

Die Körperoberfläche und ihre 5 Schichten

1. *Haut, Haare, Schweißdrüsen, Hautgefäße*
   Sie stehen in unmittelbarem Zusammenhang mit dem Funktionskreis Lunge-Dickdarm und der Ausscheidungsfunktion.

2. *Subcutis mit Gefäßen und Nerven*
   Sie stehen in unmittelbarem Zusammenhang mit den Funktionskreisen Herz-Dünndarm und Kreislauf-Dreifach Erwärmer, die für die Verteilung der Nährstoffe zuständig sind.

3. *Muskeln*
   Sie stehen in unmittelbarem Zusammenhang mit dem Funktionskreis Magen-Milz/Pankreas, der für die Nahrungsaufnahme und -verwertung verantwortlich ist.

4. *Sehnen*
   Sie stehen in unmittelbarem Zusammenhang mit dem Funktionskreis Gallenblase-Leber, der den Stoffwechsel und die Speicherung der Nährstoffe kontrolliert.

Der Verlauf der Meridiane

Die Innenseiten der 4 Extremitäten des menschlichen Körpers entsprechen dem Energiefaktor YIN.

Die 5 "Bewahrer" an der Innenseite YIN sind: Leber - Lunge - Milz/Pankreas - Herz - Nieren.

Die Außenseiten der 4 Extremitäten des menschlichen Körpers entsprechen dem Energiefaktor YANG.

Die 5 "Sammler" an der Außenseite YANG sind: Gallenblase - Dickdarm - Magen - Dünndarm - Blase.

An der *Innenseite des Körpers* - der "Schattenseite YIN" verlaufen 6 YIN-Meridiane:
    3 des Armes: Lunge - Herz - Kreislauf
    3 des Beines: Leber - Milz/Pankreas - Nieren

An der *Außenseite des Körpers* - der "Sonnenseite YANG" verlaufen 6 YANG-Meridiane:
    3 des Armes: Dickdarm - Dünndarm - Dreifach Erwärmer
    3 des Beines: Gallenblase - Magen - Blase

Die 3 YIN-Meridian-Paare sind:
    TAI YIN Lunge-Milz/Pankreas
    CHUEH YIN Kreislauf-Leber
    SHAO YIN Herz-Nieren

Die 3 YANG-Meridian-Paare sind:
    YANG MING Dickdarm-Magen
    SHAO YANG Dreifach Erwärmer-Gallenblase
    TAI YANG Dünndarm-Blase

Der Kopf wird von YANG-Meridian-Paaren durchzogen. Er ist ganz dem YANG zugeordnet, da er die höchste Stelle des aufrecht stehenden Menschen ist und das Gehirn - den Sitz des Denkens und ebenfalls YANG - beherbergt.

Die YIN-Meridiane durchziehen den inneren, schutzbedürftigen Teil und führen auf der Vorderseite (Innenseite) des Körpers nach oben. Ihr Energiefluß hält die Verbindung zwischen Erde und Kosmos aufrecht.

YIN-Meridiane sind:

Leber - Lunge - Milz/Pankreas - Herz - Nieren - Kreislauf - Konzeptionsgefäß (KG)

Die YANG-Meridiane durchziehen den äußeren, abwehrbereiten Teil und führen auf der Rückseite (Außenseite) des Körpers nach unten. Ihr Energiefluß hält die Verbindung zwischen Kosmos und Erde aufrecht.

YANG-Meridiane sind:

Dickdarm - Magen - Dünndarm - Blase - Dreifach Erwärmer - Gallenblase - das Lenkergefäß (LG)

Die festen YIN-Organe speichern die Energie auf, übertragen sie aber nicht.

Die hohlen YANG-Organe transformieren die Energie, halten sie aber nicht zurück.

Die Energie-Maximalzeit

Die Tag-Meridiane haben zwischen 7 und 15 Uhr ihr Energiemaximum. Dazu zählen:

Magen - Milz/Pankreas - Herz - Dünndarm.

Die Tag-Nacht-Meridiane haben zwischen 3 und 7 Uhr - Lunge - Dickdarm sowie zwischen 15 und 19 Uhr - Blase - Nieren ihr Energiemaximum.

Die Nacht-Meridiane haben zwischen 19 und 3 Uhr ihre Energiemaximum. Dazu zählen:

Kreislauf - Dreifach Erwärmer - Gallenblase - Leber.

Die Wirkungsweise der Farb-Meridian-Therapie

Überall am Körper befinden sich Punkte, über welche man auf die Lebensenergie "Chi" Einfluß nehmen kann, um dadurch ihre Qualität und ihr Strömungsgefälle zu reharmonisieren.

Die Farbenenergie wird auf einen exakt ausgewählten Akupunkturpunkt appliziert. Dabei erfolgt der Transport der energetischen Farbinformation von der Körperoberfläche her, über die Meridiane, bis hin zum eigentlichen Ort des Krankheitsgeschehens.

Der über die Haut aufgenommene Farbimpuls breitet sich über dem zugehörigen Meridian aus, wodurch der blockierte Energiefluß eine energetische Stimulation erfährt, um dadurch wieder in seinen ausgewogenen Rhythmus zurückfinden zu können.

Die ausgelösten Reflexe werden blitzschnell zum Gehirn weitergeleitet, von wo aus sofort Resonanzkräfte freigesetzt werden, die zu einer Reharmonisierung der gestörten Körperfunktionen beitragen.

Jeder Meridian und das ihm zugehörige Organ wird innerhalb von 24 Stunden 2Stunden lang mit einem Maximum an Energie versorgt. Kreist die Lebensenergie auf den 12 Meridianen gleichmäßig und harmonisch, dann ist die optimale Funktionsfähigkeit unseres Organismus gewährleistet.

Ist der Lebensfluß dagegen unausgewogen und blockiert, dann entsteht daraus eine Störung oder Fehlfunktion an irgend einer Stelle unseres Körpers.

Bei der Farb-Meridian-Therapie wird das Augenmerk ganz speziell auf die Wiederherstellung des harmonischen Strömungsgefälles der Lebensenergie gelegt.

Ein Krankheitszustand ist ein Ungleichgewicht im Organismus, der einen Mangel oder ein Übermaß an Energie aufweist.

Bei der Therapie mit Farben werden über die Haut ausgleichende Farbschwingungen eingeschleust und damit eine innere Regulation im Schwingungsverhalten der Zellen bewirkt.

Fehlt einem Meridian Energie, dann wird sie mit der tonisierenden Farbschwingung zugeführt, ist er hingegen mit Energie überfüllt, dann wird diese mit der sedierenden Farbe abgeleitet.

Jeder Meridian hat 9 therapeutisch besonders wichtige Punkte. 7 liegen auf ihm selbst und 2 auf anderen Meridianen.

Dazu zählen:
- ❏ der Anfangs- und Endpunkt eines Meridians
- ❏ der Anregungs- oder Tonisierungspunkt
- ❏ der Beruhigungs- oder Sedierungspunkt (Sedativpunkt)
- ❏ der Quellpunkt
- ❏ der Lo- oder Passagepunkt
- ❏ der Schlüssel- oder Kardinalpunkt
- ❏ der Alarmpunkt (auf der Vorderseite des Körpers)
- ❏ der Zustimmungspunkt (auf der Rückseite des Körpers)

Störungen und Schmerzen sind die Folgen körperlichen Fehlfunktionen und dienen damit als wichtige Informationsquelle.

"Kommt dir ein Schmerz, so halte still und frag dich, was er von dir will", mahnte Emanuel Geibel.

Der Schmerz ist - wenn es auch manchmal schwerfällt, das anzuerkennen - ein hilfreicher Freund, der einem ganz eindeutig zu verstehen gibt, wo eine tiefgreifende Störung im Körper vorliegt. Man kann ihn mit einem Störsender vergleichen.

Ist der Informationsfluß zwischen den Zellen gestört, verfälscht oder unterbrochen, so greifen umgehend die Selbstheilungskräfte des Organismus ein. Wenn die Ausbreitung falscher Informationen dennoch nicht verhindert werden kann, so entsteht ein körperliches Leiden mit Symptomen wie Schmerz oder Unpäßlichkeit.

Der ununterbrochene Kreislauf der fließenden Energien trägt alle Informationen weiter - bis hin zu den kleinsten Bereichen unseres Körpers.

Jeder noch so kleine Teil wird von unzähligen Nerven versorgt und befindet sich unter der direkten oder indirekten Kontrolle der einzelnen Nervengruppen, die so gut wie alle unsere Lebensprozesse unter Kontrolle haben.

Die Beziehung der Farben zu den Akupunkturpunkten

Ein russisches Forscherteam hat in mehrjähriger Arbeit nachweisen können, daß die Akupunkturpunkte eine ganze spezielle Beziehung zu den Farben haben und daß sie eine erhöhte Leitfähigkeit für Energien aufweisen.

So ist es also wissenschaftlich exakt belegt worden, daß es im menschlichen Körper Leitungsbahnen für Licht gibt, die ganz genau dem Verlauf der Meridiane entsprechen.

Man konnte eindeutig feststellen, daß die lichtaufnehmenden Regionen des Körpers mit den Akupunkturpunkten zusammenfallen. Die Farbenergie fließt über die Akupunkturpunkte in das "Flußbett" des jeweils zugehörigen Meridians ein und durchflutet es vom Anfangs- bis zum Endpunkt, und zwar ausschließlich nur diesen einen Meridian, der über den jeweiligen Akupunkturpunkt ausgewählt wurde.

Daraus ergibt sich eine ganz eindeutige Bestätigung für die Wirksamkeit der Farbpunktur, aber man erkennt daran auch, wie wichtig die richtige Wahl der erforderlichen Farbenergie ist, da diese dem jeweiligen Meridian genau entsprechen muß, um ihre Heilkraft voll entfalten zu können.

Appliziert man nun eine spezielle Farbe auf einen genau definierten Punkt des Körpers, so werden dadurch bestimmte Nerven erregt. Diese übertragen ihre Erregung elektromagnetisch zum Rückenmark und zu den unteren Hirnzentren, der Hypophyse und dem Hypothalamus, von wo aus die Energie zum Krankheitsherd weitergeleitet wird. Wir können unser Nervensystem mit einer hochtechnisierten Computeranlage vergleichen, die mit einem elektronisch gesteuerten Kontrollsystem ausgestattet ist, welches sofort Alarmsignale abgibt, wenn etwas aus der Ordnung geraten ist.

Eine genaue Kenntnis der Meridiansysteme und ihre unmittelbare Wechselbeziehung zueinander ist die Voraussetzung dafür, die Störung auffinden und beheben zu können. Bei der Farb-Meridian-Therapie kommt es jedoch noch ganz entscheidend darauf an, die jeweils richtigen Farben auf die therapeutisch wichtigen Punkte zu applizieren, um damit einen Ausgleich im Energiesystem herbeizuführen.

Das Meridiansystem unseres Körpers gleicht einem gewaltigen Stromnetz, das ihn durchzieht und mit Energie versorgt.

So wie man auch beim Stromnetz nur an bestimmten, dafür vorgesehenen Stellen - nämlich über die Steckdosen - an den Stromkreis herankommt, so lassen sich auch die Meridiane nur über bestimmte Punkte - die Akupunkturpunkte - erreichen und beeinflussen.

Die Akupunkturpunkte, die auch als "Schleusen des Energieflusses" bezeichnet werden, sind also ganz besonders dazu geeignet, die Vitalenergie zu reharmonisieren.

In einem gesunden Körper fließt der Energiestrom ungehindert durch die Energieleitbahnen sämtlicher Körperpartien und hält damit die Organfunktionen und die Regeneration der Zellen aufrecht. In einem entgleisten Energiesystem fließt "Chi" nicht mehr ausgewogen, das heißt, entweder zu mangelhaft oder zu überreichlich, womit es zu Störungen des allgemeinen Wohlbefindens und auch zu Hautirritationen kommen kann.

Der englische Nervenarzt Sir Henry Head (1861-1940) erforschte diese Zusammenhänge genauer und entwickelte eine Art "Landkarte" der Hautreflexzonen, die nach ihm als Headsche Zonen bezeichnet werden.

Schuld an einer Entgleisung des Energieflusses können beispielsweise folgende Faktoren sein:

❑   eine Organschwäche oder Verletzungen
❑   ein unmäßiger Lebensstil
❑   zuwenig Bewegung und ungenügende Sauerstoffversorgung
❑   falsche Ernährung
❑   intensive Klimaeinflüsse
❑   emotionaler Streß (Zorn, Angst, Kummer oder Sorgen)

Ist die Lebensenergie wieder im Gleichgewicht, so kann sich der Körper schließlich selbst helfen, seine Schwächen zu überwinden und zu regenerieren.

Farbimpulse regen das Blut und die Zellen zu reger Tätigkeit an und üben auf den Organismus auch einen chemischen Einfluß aus, wobei es zu erhöhter Stickstoffausscheidung und zu einer Steigerung der Verbrennungsvorgänge und des Stoffwechsel im Körper sowie zur Bildung winziger Spuren anderer Elemente kommt.

Der große Farbforscher Dr. Ghadiali, der nicht nur Arzt, sondern auch Doktor der Chemie und Physik war, hatte in vieljähriger Forschungsarbeit herausgefunden, daß dem Körper durch die Farblichtbestrahlung folgende Elemente zugeführt werden können.

- ❑ Sauerstoff durch die blaue Farbenergie
- ❑ Stickstoff durch die grüne Farbenergie
- ❑ Kohlenstoff durch die gelbe Farbenergie
- ❑ Wasserstoff durch die rote Farbenergie.

Die Farb-Meridian-Therapie bietet also eine hervorragende Möglichkeit Energiestörungen im Organismus auszugleichen und die Funktionsfähigkeit der körpereigenen Abwehrkräfte wiederherzustellen.

Die 14 Meridiane

Der Lungen-Meridian der Hand TAI YIN

11 Akupunkturpunkte
Maximalzeit: 3 bis 5 Uhr
Sinnesorgan: Nase
Geschmack: scharf
Gefühl: Traurigkeit

Er empfängt seine Energie vom Leber-Meridian und gibt sie weiter an den Dickdarm-Meridian.

Die Lunge wird dem Gefühl der Traurigkeit zugeordnet.

Die Lungenenergie wird blockiert, wenn man die Schultern hängen läßt und der Atem flach wird.

Es ist wichtig, sich über eine bewußte Atmung so mit den kosmischen Kräften zu verbinden, denn damit lassen sich alle Bereiche gleichermaßen mit neuer Lebenskraft aufladen.

Blockaden in diesem Meridian lassen sich durch bewußte Atemübungen reinigen - Belastendes wird ausgeatmet - neue Energien eingeatmet.

Dadurch wird man widerstandsfähiger und toleranter und ist den Gefühlen der Traurigkeit nicht mehr hilflos ausgeliefert.

Therapeutische Hauptbedeutung:
Erkrankung der Lunge und der Atemwege
Magenbeschwerden
Beklemmungsgefühle
Husten, Schnupfen, Halsschmerzen
Schmerzen im Bereich der Schulterblätter
Atemnot
Schmerzen im Bereich des Meridians

Anregungsfarbe - Blau
Beruhigungsfarbe - Orange

Der Lungen-Meridian der Hand TAI YIN

11 Akupunkturpunkte; Höchstenergie 4 Uhr

Er beginnt an der Brust über der 3. Rippe - oberhalb der Brustwarze - und zieht beidseitig auf der Innenseite des Armes abwärts, wo er an der äußeren Wurzel des Daumennagels endet.

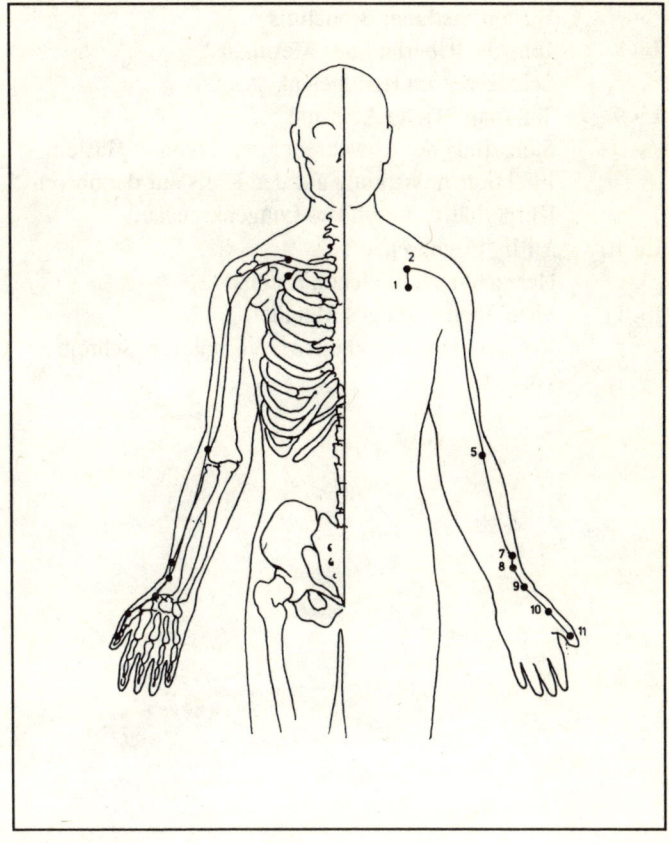

Lungen-Meridian YIN

Lu 1   Zhong Fu "Zentralpalast"
Alarmpunkt, Asthma, Bronchitis

Lu 5   Chih Ze "Moor der Elle"
Bronchitis, Angina pectoris, Hauterkrankungen,
Sedativpunkt

Lu 7   Lie Que "Reihen Lücke"
Anregung der Gesichtsmuskel, Kopfschmerzen,
Husten, Asthma, Bronchitis

Lu 8   Jing Qu "Überlauf des Meridians"
Schmerzen im Handgelenk, Asthma

Lu 9   Tai Yuan "Tiefer Abgrund"
Steigerung der Abwehrenergie, Atemnot, Husten,
Infektionen, Wirkung auf den Kreislauf der oberen
Körperhälfte, besonders Lungenkreislauf

Lu 10   Yu Ji "Fischgrenze"
Herzschmerzen, Fieber, Asthma

Lu 11   Shao Shang "Junges Metall"
Koliken, Halskrankheiten, Nasenbluten, Schreib-
krampf

Der Dickdarm-Meridian der Hand
YANG MING

20 Akupunkturpunkte
Maximalzeit: 5-7 Uhr
Sinnesorgan: Nase
Geschmack: scharf
Gefühl: Traurigkeit

Er empfängt seine Energie vom Lungen-Meridian und gibt sie an den Magen-Meridian weiter.

Eine mangelnde Reinigung über den Darm kann Schmerzen bis in die Schultern auslösen.

Ein knotiger, verkrümmter Zeigefinger weist auf eine unausgeglichene Verdauung hin.

Dieser Meridian ist für die Ausscheidung verantwortlich.

Psychisch gesehen, verdeutlicht das die Notwendigkeit, Vergangenes, Negatives loszulassen - das Gestern freizugeben, um das Heute bewußt zu erleben, denn nur das Heute zählt - hier und jetzt leben wird.

Wenn man sich von alten Problemen und dem damit verbundenen seelischen Ballast befreit hat, dann lösen sich auch die Energieblockaden in diesem Meridian auf.

Therapeutische Hauptbedeutung:
Erhaltung des Gleichgewichts aller Körpersäfte
Zahnschmerzen
Bauchschmerzen
Durchfall, Verstopfung
Halsschmerzen
Erkältung
Nasenbluten
Schmerzen im Bereich des Meridians

Anregungsfarbe - Grün/Blau
Beruhigungsfarbe - Rot/Orange

Der Dickdarm-Meridian der Hand
YANG MING

20 Akupunkturpunkte; Höchstenergie 6 Uhr

Er beginnt an der Nagelwurzel des Zeigefingers (Daumenseite) und verläuft beidseitig an der hinteren Seite des Armes über Schulter-Nacken-Gesicht, wo er seitlich des Nasenloches endet.

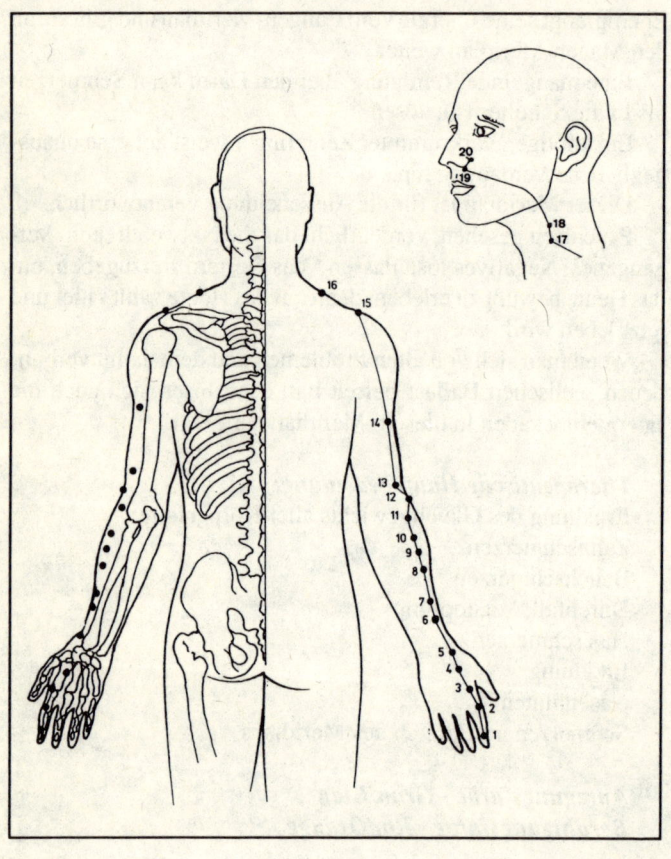

Dickdarm-Meridian YANG

Di 1   Shang Yang "Höchster Yang"
         Zahnschmerzen, Ohrensausen, Erste Hilfe bei Be-
         wußtlosigkeit

Di 2   Er Jian "Zweiter Abschnitt"
         Schulter-Arm-Syndrom

Di 3   San Jian "Dritter Abschnitt"
         Hauterkrankungen, Angina

Di 4   He Gu "Verbindendes Tal"
         Störungen im Magen-Darm-Bereich, Kopf- und
         Zahnschmerzen, Augenschmerzen, Schnupfen, Fie-
         ber, Lymphsystem anregend, Anregung der Gesichts-
         muskulatur

Di 6   Pian Li "Ableitung der Überfülle"
         Ohrensausen

Di 11   Qu Chi "Runder Teich"
         Stoffwechselstörungen, Verstopfung, Fieber, Haut-
         ausschläge, Juckreiz, Depressionen

Di 14   Bi Nao "Fleisch des Oberarms"
         Schmerzlinderung der oberen Extremitäten

Di 15   Jian Yu "Schulterknochen"
         Infektionen, Entzündungen, Schmerzen im Schulter-
         Arm-Bereich

Di 20   Ying Xiang "Empfang der Düfte"
         Nasenverstopfung, Heuschnupfen, zusammen mit
         Yin-trang (er liegt zwischen den Augenbrauen)

Der Magen-Meridian des Fußes YANG MING

45 Akupunkturpunkte
Maximalzeit: 7-9 Uhr
Sinnesorgan: Mund
Geschmack: süß, duftend
Gefühl: Begehren

Er empfängt seine Energie vom Dickdarm-Meridian und gibt sie an den Milz/Pankreas-Meridian weiter.

Dieser Meridian berührt die Därme und den Magenein- und -ausgang. In einer Abzweigung erreicht er die Augenzone. Blockaden können Schläfenkopfschmerzen oder Migräne hervorrufen. Auch Erbrechen und Augenschmerzen sowie Kieferbeschwerden gehören hier dazu.

Blockaden in diesem Bereich können auftreten, wenn man nicht den Mut aufbringt, sich dem Leben voll und ganz zu stellen, sondern lieber alles "in sich hineinfrißt", denn dann liegt einem etwas "schwer im Magen" und verhindert das freie Fließen der Lebensenergie.

Therapeutische Hauptbedeutung:
starke Wirkung auf das vegetative Nervensystem
Magenschmerzen
Blähungen
Erbrechen
Augenbeschwerden
Halsschmerzen
Nasenbluten
Fieber
Ödeme
Störung der Psyche, Sucht
Gesichtsneuralgien
Schmerzen im Meridianbereich

Anregungsfarbe - Grün
Beruhigungsfarbe - Rot

Der Magen-Meridian des Fußes YANG MING

45 Akupunkturpunkte; Höchstenergie 8 Uhr

Er beginnt im Gesicht, in der Mitte des unteren Randes der Augenhöhle - vertikal unter dem Mittelpunkt der Pupille - und verläuft beidseitig über den Hals - die Vorderseite von Brustkorb und Unterleib - vorne hinunter über Schenkel und Bein, wo er am äußeren Ende der Nagelwurzel der 2. Zehe endet.

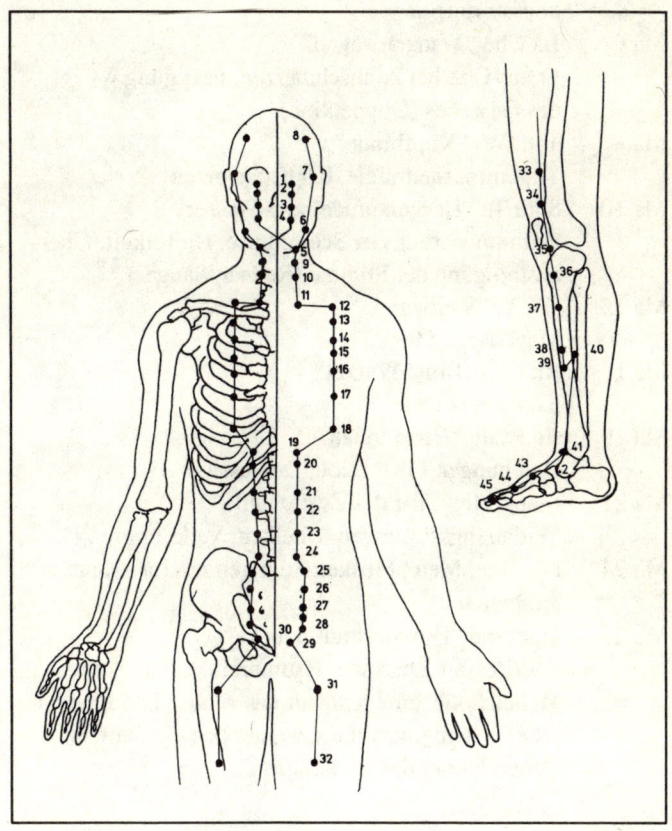

Magen-Meridian YANG

Ma 1   Cheng Qi "Tränen halten"
wichtiger Hypophysenpunkt

Ma 2   Si Bai "Vier Weiße"
Gesichtslähmung, Tränensäcke, Falten um die
Augen

Ma 4   Di Cang "Speicher der Erde"
Gesichtslähmung, Sprachschwierigkeiten, Verdauungsstörungen

Ma 6   Jia Che "Wangenwagen"
Erste Hilfe bei Zahnschmerzen, Festigung
des Gewebes (Doppelkinn)

Ma 8   Tou Wei "Kopfbinde"
Trigeminusneuralgie, Kopfschmerzen

Ma 10   Shui Tu "Hervorsprudelndes Wasser"
Harmonisierung der Schilddrüse, Heiserkeit, Überanstrengung der Stimme (Redner, Sänger)

Ma 15   Wu Yi "Stellwand"
Magenkrämpfe

Ma 18   Ru Gen "Brust Wurzel"
Kopfschmerzen

Ma 19   Bu Rong "Ohne Inhalt"
Heißhunger, Frustration, Depression

Ma 21   Liang Men "Tor des Zwerchfells"
Verdauungsstörungen, Übelkeit, Verkrampfung

Ma 24   Hua Rou Men "Muskeln reinigendes Tor" Hautunreinheiten

Ma 25   Tian Shu "Himmelsmittelpunkt"
Obstipation, Diarrhoe, Hautunreinheiten, Nervosität,
Melancholie, anregend auf das venöse und lymphati-
sche System und auf die weiblichen Genitalien,
Generalpunkt des Dickdarms

Ma 32   Fu Tu "Liegender Hase"
              Krampfadern, Durchblutungsstörungen

Ma 36   Zu San Li "Drei Meilen des Fußes"
              Depressionen, nervöse Unruhe, Migräne, Verdau-
              ungsstörungen, Erbrechen, Gastritis,
              wichtiger Tonisierungspunkt

Ma 37   Shang Ju Xu "Große Leere"
              Durchblutungsanregung, Verdauungsförderung

Ma 41   Jie Xi "Der gelöste Bauch"
              Schmerzen im Fußgelenk, Oberbauchschmerzen,
              Appetitlosigkeit, Erbrechen, Gesichtsekzem

Ma 43   Xian Gu "Versunkenes Tal"
              Schmerzen im Oberkiefer, Beklemmung, Angst

Ma 44   Nei Ting "Innerer Hof"
              Kopfschmerzen, Zahnschmerzen, Mandelentzün-
              dung, Magenbeschwerden

Ma 45   Li Dui "Grausame Bezahlung"
              Generalpunkt der Säuren, Sodbrennen, Ulcus

Der Milz/Pankreas-Meridian des Fußes
TAI YIN

21 Akupunkturpunkte
Maximalzeit: 9-11 Uhr
Sinnesorgan: Mund
Geschmack: süß, duftend
Gefühl: Begehren

Er empfängt seine Energie vom Magen-Meridian und gibt sie an den Herz-Meridian weiter.

Am Unterschenkel treffen sich die 3 YIN-Meridiane der Leber, Niere und Milz/Pankreas.

Stauen sich die Energien an dieser Stelle, so können vielerlei Beschwerden auftreten. Oftmals ist durch einen Druck auf diese Stelle sofort eine Erwärmung und damit eine Erleichterung zu erzielen, was besonders bei Erkältung und Stirnhöhlenkartarrh sehr hilfreich ist. Über diesen Meridian kann auch das Immunsystem sehr wirkungsvoll angeregt werden.

Die Milz ist für die Bluthygiene zuständig. Bei einem Energiestau in diesem Bereich kann es daher verstärkt zu Infektionskrankheiten kommen.

Die Bauchspeicheldrüse reguliert den Blutzuckerspiegel im Körper, das heißt, sie schafft psychisch gesehen den Ausgleich zwischen Geben und Nehmen.

Therapeutische Bedeutung:
Durchblutungsstörungen
Übelkeit, Durchfall, Blähungen
Ödeme
Magenschmerzen
allgemeine Schwäche
hormonelle Beschwerden
Diabetes
Kreislaufprobleme
Migräne, Depressionen
Anregungsfarbe - Gelb/Grün
Beruhigungsfarbe - Rot/Violett

21 Akupunkturpunkte; Höchstenergie 10 Uhr

Er beginnt an der äußeren Wurzel des großen Zehennagels und führt beidseitig entlang der Innenseite von Bein und Schenkel - kreuzt die Leiste -, geht weiter über Unterleib und Brustkorb, wo er am 6. Rippenzwischenraum in der Achsellinie endet.

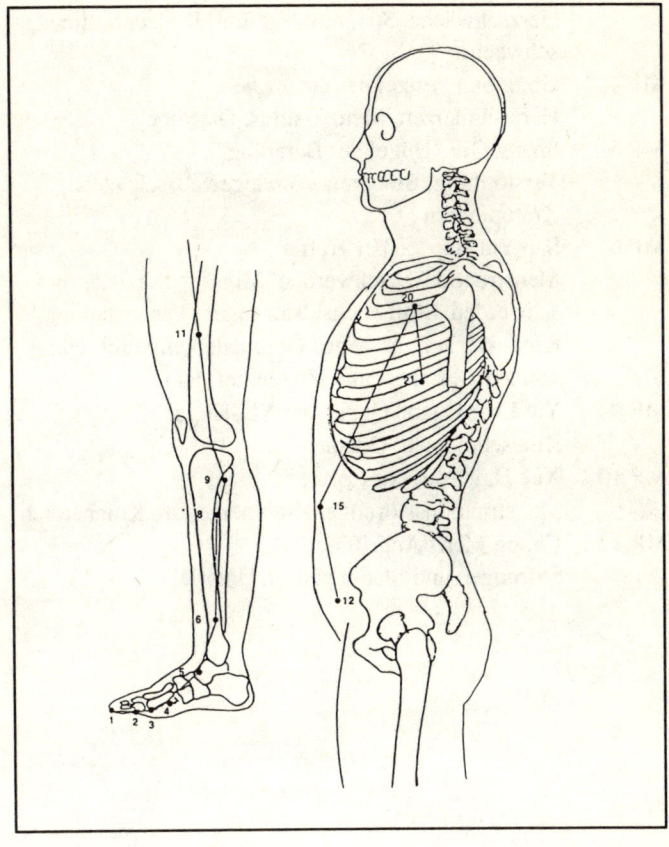

MP 1   Yin Bai "Verborgene Blässe"
        Schlaflosigkeit, Ohnmacht, Konzentrationsschwie-
        rigkeiten mit Ni 7 und LG 19

MP 2   Da Du "Große Stadt"
        Pankreasinsuffizenz, Milzschmerz, Tiefenängste,
        Lernpunkt, Kommunikationspunkt

MP 3   Tai Ba "Höchste Quelle"
        Herzschwäche, Spannungsgefühl, Konzentrations-
        schwäche

MP 4   Gong Sun "Enkel des Großvaters"
        Herzschmerzen, Meteorismus, Diarrhoe

MP 5   Shang Qiu "Hügel der Beratung"
        Verstopfung, Brechreiz, Bindegewebsschwäche,
        Krampfadern

MP 6   San Yin Jiao "3 Yin Treffen"
        Menstruationsbeschwerden, Migräne, Kreislaufbe-
        schwerden, Stoffwechselstörungen, Venenstauung,
        Klimakterium, gestörtes Gefühlsleben, Vereinigung
        von Milz-, Leber- und Nierenmeridian

MP 9   Yin Ling Quan "Quelle am Yin-Hügel"
        Knieschmerzen, Ödeme

MP 10   Xue Hai "Meer des Blutes"
        Menstruationsstörungen, Schmerzen im Kniebereich

MP 12   Chong Men "Angriffstor"
        Störungen und Stauungen im Unterleib

Der Herz-Meridian der Hand SHAO YIN

9 Akupunkturpunkte
Maximalzeit: 11-13 Uhr
Sinnesorgan: Zunge
Geschmack: bitter, verbrannt
Gefühl: Freude

Er empfängt seine Energie vom Milz/Pankreas-Meridian und gibt sie an den Dünndarm-Meridian weiter.

Das Herz ist der Mittelpunkt, der Motor unseres Lebens. Es ist das Zentrum unserer Gefühle und Empfindungen.

Blockaden in diesem Meridian entstehen dann, wenn man nicht auf die Stimme des Herzens hört, sondern alles mit dem Verstand regeln möchte.

Nur wenn Kopf und Herz, Verstand und Gefühl in einem harmonischen Gleichgewicht sind, findet man seine wahre Mitte und damit die ideale Seinsebene.

Weitere Risikofaktoren sind Streß, Angst, Ärger und Übertreibungen jeglicher Art - seien es nun Überlastungen körperlicher oder seelischer Art.

Ein extrem nüchterner, egoistischer und kausal denkender Mensch wirkt "herzlos" und "hartherzig" - nur ein hartes Herz kann "brechen".

Therapeutische Hauptbedeutung:
Herzschmerzen, Herzangst
Depressionen
Schlaflosigkeit
trockener Hals
Hitzegefühl in den Händen
Schmerzen im Bereich des Meridians

Anregungsfarbe - Gelb
Beruhigungsfarbe - Violett

Der Herz-Meridian der Hand SHAO YIN

9 Akupunkturpunkte; Höchstenergie 12 Uhr

Er beginnt auf dem Brustkorb, ganz oben am Scheitelpunkt der Achselhöhle und verläuft beidseitig über den Arm - bis an die Wurzel des kleinen Fingernagels (innen), wo er endet.

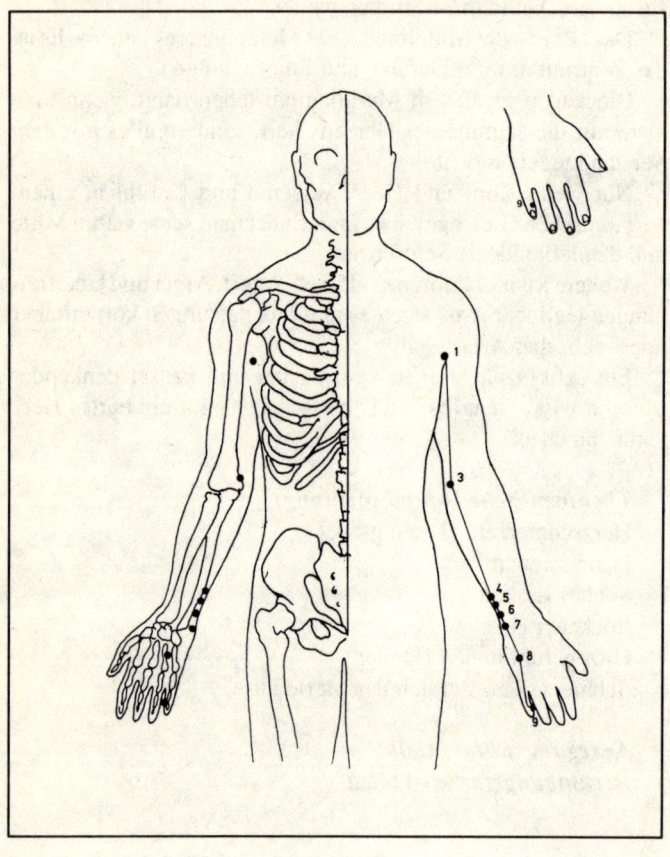

He 3   Shao Hai "Lebensfreude"
        Infektionsabwehr, vegetative Störungen, Nerven-
        überreizung, Depressionen

He 4   Ling Dao "Gedankenfreiheit"
        Herzschmerzen

He 5   Tong Li "Durchgangsdorf"
        Angst, Lampenfieber, Sprechschwierigkeiten, Stot-
        tern, Kopfschmerzen, Heiserkeit

He 7   Shen Men "Tor der Seele" oder "Göttliches Tor"
        Herzangst, Schwindel, psychische Leiden, Hyperto-
        nie, Prüfungsangst, Schlaflosigkeit mit
        KS 6 und 7

He 9   Shao Fu "Kleine Regierung"
        Kollapspunkt, Hypotonie mit KS 9

Der Dünndarm-Meridian der Hand
TAI YANG

19 Akupunkturpunkte
Maximalzeit: 13-15 Uhr
Sinnesorgan: Zunge
Geschmack: bitter, verbrannt
Gefühl: Freude

Er erhält seine Energie vom Herz-Meridian und gibt sie weiter an den Blasen-Meridian.

Sehr wichtig ist der Punkt in der Höhe der Achselhöhle, um gestaute Energien wieder zu mobilisieren.

Blockaden in diesem Meridian verdeutlichen ein überkritisches, kleinliches analytisches Denken, vielfach mit Existenzängsten verbunden.

Der Dünndarm hat eine unmittelbare Beziehung zum Intellekt, wobei er die stofflichen Dinge verarbeitet, während der Intellekt die geistigen Eindrücke auswertet.

Therapeutische Hauptbedeutung:
Ohrenschmerzen, Ohrensausen
Schwerhörigkeit
Stoffwechselstörungen
rheumatische Beschwerden
Schmerzen im Unterleib
Halsschmerzen
Nacken-Schulter-Schmerzen
Schmerzen im Meridianbereich

Anregungsfarbe - Orange/Gelb
Beruhigungsfarbe - Blau/Violett

Der Dünndarm-Meridian der Hand TAI YANG

19 Akupunkturpunkte; Höchstenergie 14 Uhr

Er beginnt an der Außenseite des kleinen Fingers, an der Wurzel des Fingernagels und verläuft beidseitig an der rückwärtigen, innen gelegenen Seite des Armes entlang - über die Schulter zum Gesicht -, wo er vor dem Ohr endet.

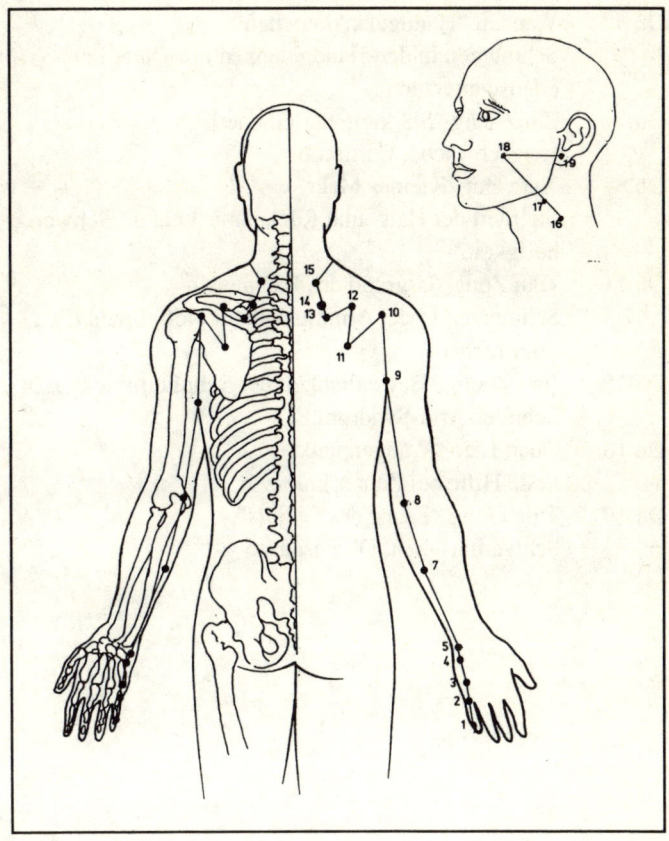

Dünndarm-Meridian YANG

Dü 1   Shao Ze "Kleiner Sumpf"
        Bewußtlosigkeit, Kopfschmerzen

Dü 2   Quian Gu "Vorderes Tal"
        Armschmerzen

Dü 3   Hou Xi "Hinterer Bach"
        Wirkung auf den Wasserhaushalt, Transpiration,
        Entzündung

Dü 4   Wan Gu "Handgelenkknochen"
        Schmerzen in den Handgelenken mit Dü 5, Periodenschmerzen

Dü 7   Zhi Zheng "Stärkung der Glieder"
        Herzschwäche, Darmkolik

Dü 8   Xiao Hai "Kleines Meer"
        Steifheit der Hals- und Rückenmuskulatur, Schwerhörigkeit

Dü 11   Tian Zong "Urgrund des Himmels"
        Schmerzen in der Armmuskulatur Notfallpunkt
        - nur rechts

Dü 15   Jian Zhong "Beweglichkeit der Schultermitte"
        Schulter-Arm-Syndrom

Dü 18   Quan Liao "Wangenpunkt"
        Erste Hilfe bei Zahnschmerzen

Dü 19   Ting Gong "Palast des Gehörs"
        Schwerhörigkeit, Ohrensausen

Der Blasen-Meridian des Fußes
TAI YANG

67 Akupunkturpunkte
Maximalzeit: 15-17 Uhr
Sinnesorgan: Ohr
Geschmack: salzig, faulig
Gefühl: Angst

Er empfängt seine Energie vom Dünndarm-Meridian und gibt sie an den Nieren-Meridian weiter.

Ein steifer Rücken mit entsprechenden Schmerzen ist darauf zurückzuführen, daß der Energiefluß dieses Meridians blockiert ist. Schädelbasis, Halszone und Schultern sind ebenso Engpässe, in denen Schmerzen auftreten können.

Vor allem sehr willensstarke, "halsstarrige" Menschen haben an dieser Stelle oftmals große Beschwerden.

Der Blasen-Meridian symbolisiert psychisch gesehen die mutige, aber dennoch demütige Haltung, die Willensstärke, gepaart mit Gelassenheit und Zuversicht.

(Loslassen, damit der äußere Druck gemildert wird.)

Die Blase nimmt auf, sammelt und gibt wieder ab, das ist der naturgemäße Kreislauf, und nach genau dem gleichen Prinzip verläuft ein harmonischer Lebensrhythmus.

Zu langes Festhalten oder zu schnelles Abgeben psychischer Belastungen, die einen unter Druck setzen, führen zu einer Entgleisung der Funktionstüchtigkeit des Blasen-Meridians.

Therapeutische Hauptbedeutung:

Kopfschmerzen
Wadenkrämpfe
Stoffwechselstörungen
Harnverhalten, Bettnässen
Augenerkrankungen

Schmerzen in den Gelenken und im Hüftbereich
Rückenschmerzen
Depressionen, häufige Müdigkeit
Nacken-, Schulterbeschwerden
Rheuma, Arthritis
Arterienverkalkung
Schmerzen im Verlauf dieses Meridians

Anregungsfarbe - Orange
Beruhigungsfarbe - Blau

Der Blasen-Meridian des Fußes TAI YANG

67 Akupunkturpunkte; Höchstenergie 16 Uhr

Er beginnt im Gesicht, in der Mitte des Innenwinkels vom Auge und verläuft beidseitig über den Kopf - nach hinten zum Nacken - den Rücken entlang - über den Oberschenkel und das Bein - den äußeren Rand des Fußes entlang, wo er an der äußeren Wurzel des kleinen Zehnnagels endet.

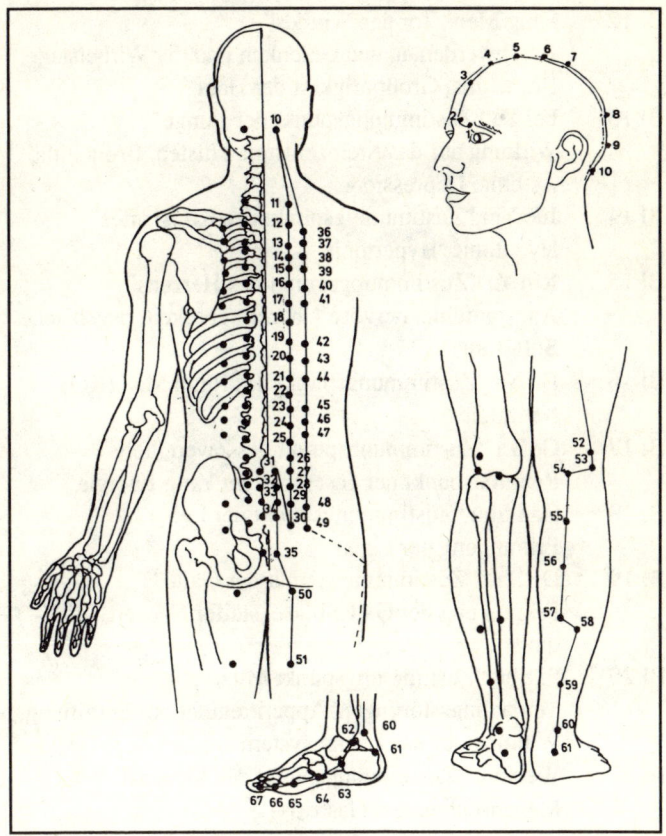

Blasen-Meridian YANG

Bl 1 Jing Ming "Augenstern"
Punkt der Hypophyse, Konjunktivitis, Empfindlichkeit der Augen, Tränenfluß

Bl 2 Zan Zhu "Gesammelter Bambus"
Sinusitis, Augenkopfschmerz

Bl 10 Tian Zhu "Himmelssäule"
Stärkung der Abwehrenergie, ausgleichende Wirkung auf den Energiefluß

Bl 12 Feng Men "Tor des Windes"
Beschwerden an den Gelenken und der Wirbelsäule, Bronchitis, Großporigkeit der Haut

Bl 13 Fei Yu "Zustimmungspunkt der Lunge"
Wirkung auf das Atemzentrum, Husten, Bronchitis, Asthma, Depressionen

Bl 14 Jue Yin "Zustimmungspunkt des Kreislaufes"
Hypotonie, Hypertonie

Bl 15 Xin Yu "Zustimmungspunkt des Herzens"
Angstgefühle, nervöse Übererregbarkeit, psychische Belastung

Bl 16 Du Yu "Zustimmungspunkt des Renn Mo" (KG)
Neuralgie

Bl 17 Ge Yu "Zustimmungspunkt des Zwerchfells"
Reunionspunkt der gesammelten Yang-Energie

Bl 18 Gan Shu "Zustimmungspunkt der Leber"
Erkrankung der Leber

Bl 19 Da Shu "Zustimmungspunkt der Galle"
Erkrankung der Gallenblase, steifer Nacken, Erkältung

Bl 20 Pi Shu "Zustimmungspunkt Milz/Pankreas"
Verdauungsstörungen, Appetitregulation, Entgiftung, Wirkung auf das Lymphsystem

Bl 21 Wei Shu "Zustimmungspunkt des Magens"
Magenschmerzen, Gastritis

Bl 22 San Jiao Yu "Zustimmungspunkt des Dreifach Erwärmers"
Stoffwechselstörungen, Erkrankung des Urogenitaltrakts, Impotenz

Bl 23 Shen Yu "Zustimmungspunkt der Nieren"
Nieren-Blasen-Erkrankung, Stärkung der Abwehrkraft

Bl 24 Qi Hai Yu "Meer der Energie"
Allgemein kräftigender Punkt

Bl 25 Da Chang Yu "Zustimmungspunkt des Dickdarms"
Melancholie, Angstgefühle

Bl 26 Guan Yuan Yu "Schranke der Lebenskraft"
Obstipation, Schwäche

Bl 27 Xiao Chang "Zustimmungspunkt des Dünndarms"
Lumbago, Diarrhoe

Bl 28 Pang Guang Yu "Zustimmungspunkt der Blase"
Lumbago, Ischias

Bl 31 Shang Liao "Oberstes Loch"
Aktivierung der Hormonbildung, Wirkung auf die Geschlechtsdrüsen, Prostata, Uterus, Blase, Dickdarm

Bl 39 Shen Tang "Palast der Lebenskraft"
Kräftigung des Allgemeinzustandes, Erhöhung der Abwehrkräfte, Anämie

Bl 42 Hun Men "Tor der Seele"
Beschwerden beim Harnlassen, Harnverhalten

Bl 47 Zhi Shi "Sitz des Willens"
Wirkung auf Nieren und Nebennieren

Bl 51 Yin Men "Seelenkraft"
Harmonisierung bei psychischen Störungen, Melancholie

Bl 54 Whei Zhong "Vertrauen und Mitte"
Rückenschmerzen, Krämpfe, Stoffwechselstörungen, Akne, Ausschlag, Ekzeme

Bl 57 Cheng Shan "Bergempfänger"
       Krämpfe, Krampfadern, Traumanregung
Bl 60 Kun Lun "Hoch und Mächtig"
       Schmerzen, Schwellungen, Ödeme mit Di 4
Bl 61 Pu Can "Seelenpunkt"
       Schmerzen im Bereich der Fersen
Bl 62 Shen Mai "Gefäßerweiterung"
       Angst, Schlaflosigkeit, nervöse Unruhe
Bl 64 Jing Gu "Hauptknochen"
       Migräne, Depressionen, psychische Überlastung
Bl 65 Shu Gu "Knochen-Bindung"
       HWS-Syndrom, Durchblutungsstörungen der Beine
Bl 66 Tong Gu "Talpassage"
       Gebärmutterkrampf, Kopfschmerzen
Bl 67 Zhi Yin "Äußerste Schattenseite"
       Epilepsie, Hypotonie, HWS-Syndrom

Der Nieren-Meridian des Fußes SHAO YIN

27 Akupunkturpunkte
Maximalzeit: 17-19 Uhr
Sinnesorgan: Ohr
Geschmack: salzig, faulig
Gefühl: Angst

Er empfängt seine Energie vom Blasen-Meridian und gibt sie an den Kreislauf-Meridian weiter. Wenn dieser Meridian lange Zeit hindurch blockiert war, so hinterläßt er an der Fuß-Reflexzone der Lendenwirbelsäule eine Verhornung, die durch Harnsäure entstanden ist.

Die Nieren haben die Aufgabe, die Körperflüssigkeit zu entgiften und zu filtern. Unbrauchbares scheiden sie aus.

Schwierigkeiten in zwischenmenschlichen Beziehungen oder die Unfähigkeit, Geschehnisse gelassen zu akzeptieren und Vergangenes loszulassen, führen oftmals zu einer Energieblockade in diesem Meridian.

Angst, Schockerlebnisse, ständige Reibereien und Streitigkeiten im Partnerbereich - all das sind krankheitsauslösende Faktoren, die im Nieren-Meridian zum Ausdruck kommen können.

Dieser Meridian endet auf der Brust, im Bereich der Thymusdrüse, die am körperlichen und seelischen Wachstum einflußreich beteiligt ist und die auch das Immunsystem stabilisiert.

Deshalb ist eine ausgewogene Energieversorgung in diesem Bereich besonders wichtig.

Therapeutische Hauptbedeutung:
Wirkung auf den Hormonhaushalt,
den Urogenital- und den Verdauungstrakt
Durchfall, Verstopfung

Husten
Asthma, Atemnot
Lungen- und Kreislauferkrankungen
Halsschmerzen
Kreuzschmerzen
Ödeme
Hitzeempfindlichkeit in den Fußsohlen
schwache Beine
Schmerzen im Verlauf dieses Meridians

Anregungsfarbe - Rot/Orange
Beruhigungsfarbe - Grün/Blau

Der Nieren-Meridian des Fußes SHAO YIN

27 Akupunkturpunkte; Höchstenergie 18 Uhr

Er beginnt an der Fußsohle, zwischen den beiden großen Fuß-
ballen, genau in der Mitte unter der 3. Zehe und verläuft beidseitig
an der Innenseite von Bein und Schenkel - hinauf zur Leistengegend
- vorne hinauf an Bauch und Brustkasten -, wo er direkt unter dem
Schlüsselbein in der dreiwinkeligen Höhlung, die durch die
1. Rippe, Schlüsselbein und Brustbein gebildet wird, endet.

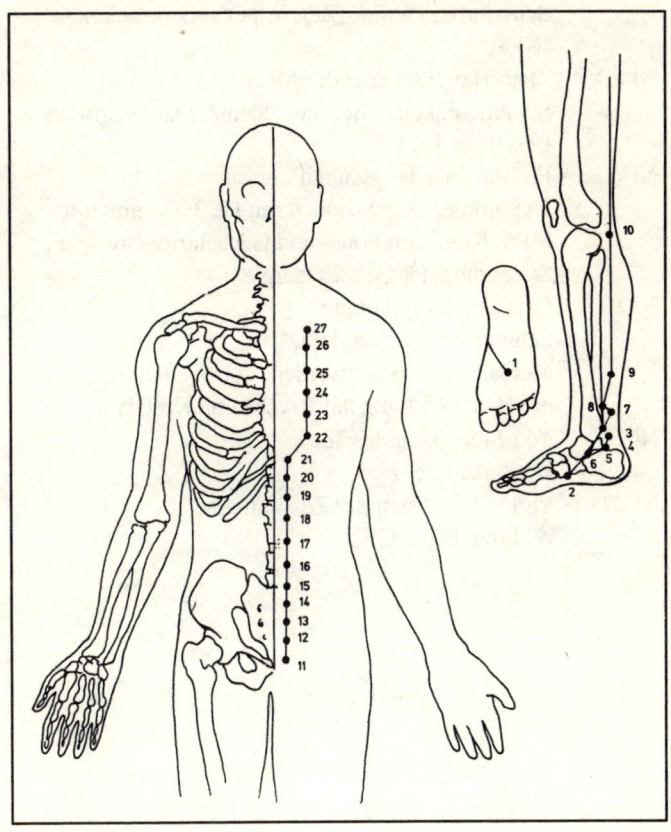

Nieren-Meridian YIN

Ni 1   Yong Quan "sprudelnde Quelle"
        Migräne, Unruhe, Angst, Nicht-abschalten-können
Ni 2   Ran Gu "Tal der Bewährung"
        Hypertonie, Nierenentzündung, Rheuma
Ni 3   Tai Xi "Langer Bach"
        Verrenkung des Fußgelenkes, Rheuma
Ni 4   Da Zhong "Wasserquelle"
        Schwindel, Tremor (Zittern), Ohrenerkrankung
        (Ni 5)
Ni 6   Zhao Hai "Leuchtendes Meer"
        Schlaflosigkeit, Migräne, Ödeme, prämenstruelle
        Beschwerden
Ni 7   Fu Liu "Wieder gleitend"
        Hypotonie, Depressionen mit He 3, Ödeme mit
        MP6, Konzentrations- und Gedächtnisschwäche,
        Steigerung der Geistesenergie
Ni 13   Qi Xue "Energiepunkt"
        Schmerzen im Unterleib,
        Menstruationsbeschwerden, Östrogenwirkung auf
        die Haut, Wirkung auf Psyche und Kreislauf
Ni 21   You Men "Dunkles Tor"
        Herzinsuffizenz
Ni 27   Yu Fu "Werkstatt der Zustimmung"
        Asthma, Bronchitis

Der Kreislauf-Meridian der Hand
CHUEH YIN

9 Akupunkturpunkte
Maximalzeit: 19-21 Uhr
Sinnesorgan: Zunge
Geschmack: bitter
Gefühl: Sympathie

Er empfängt seine Energie vom Nieren-Meridian und gibt sie weiter an den Dreifach Erwärmer-Meridian.

Der Kreislauf symbolisiert Bewegung, Schwung und Lebenskraft - eine im Fluß befindliche, ständig zirkulierende Energie. Diese kann durch jede Art geistiger und seelischer Trägheit oder Verkrampfung blockiert werden.

Oftmals sind es auch aufgestaute Aggressionen, die sich über den Kreislauf ein Ventil verschaffen, was zu erhöhtem Blutdruck, Herzanfall oder Infarkt führen kann.

Der Kreislauf-Meridian hat auch etwas mit gesunder Eigenliebe, mit einem Sich-selbst-Akzeptieren zu tun und ist im weiteren Sinn mit der Sexualenergie verbunden, woraus ersichtlich wird, daß Liebe, Freude und Zuwendung ein enormes Energiepotential für unseren Organismus darstellen.

Therapeutische Hauptbedeutung:
Durchblutungsstörungen
Kreislaufbeschwerden
Herzschmerzen
Beklemmung, Erregung, Herzangst
Hitzeempfindlichkeit an den Händen
Schmerzen im Verlauf dieses Meridians

Anregungsfarbe - Rot
Beruhigungsfarbe - Grün

Der Kreislauf-Meridian der Hand CHUEH YIN

9 Akupunkturpunkte; Höchstenergie 20 Uhr
Er beginnt auf dem Brustkorb, seitlich der Brustwarze und
verläuft beidseitig vom Arm hinunter - über die Handfläche, wo
er an der Nagelwurzel des Mittelfingers (Daumenseite) endet.

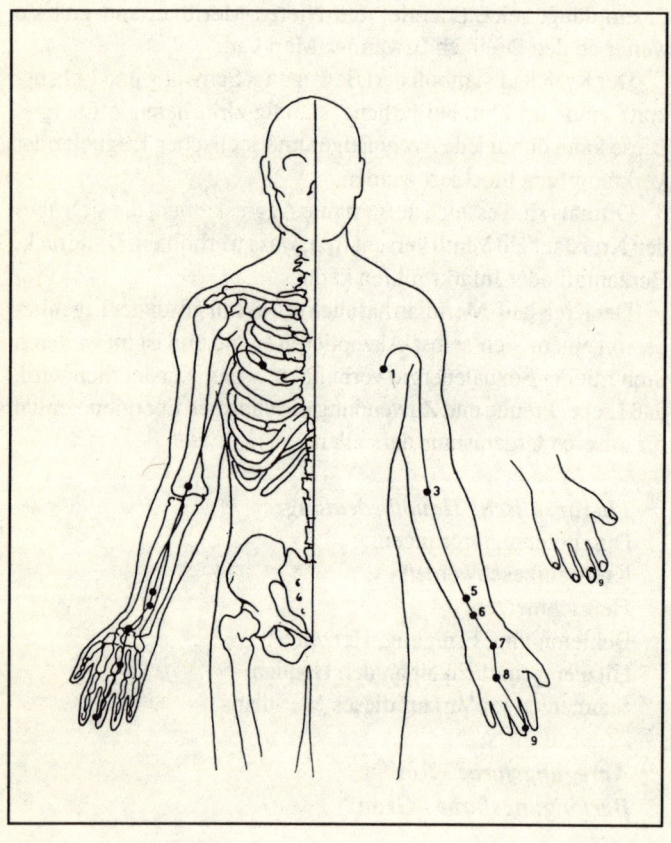

Kreislauf-Meridian YIN

KS 3   Qu Ze "Sumpf am Ellenbogen"
        Druck des Herzens, Melancholie, Erregung
KS 5   Jian Shi "Der direkte Auftrag"
        Übelkeit
KS 6   Nei Guan "Inneres Tor"
        Depressionen, Regulierung des Blutdrucks, Bauch-
        schmerzen
KS 7   Da Ling "Großer Hügel"
        Bauchschmerzen, Verspannung der Arme,
        Hypertonie
KS 8   Lao Gong "Arbeitspalast"
        Schwäche, Lähmungserscheinungen, Epilepsie
KS 9   Zhong Chong "Ansturm der Mitte"
        Hypotonie, Bewußtlosigkeit, Übelkeit

Der Dreifach Erwärmer-Meridian der Hand
SHAO YANG

23 Akupunkturpunkte
Maximalzeit: 21-23 Uhr
Sinnesorgan: Zunge
Geschmack: bitter
Gefühl: Sympathie

Er empfängt seine Energie vom Kreislauf-Meridian und gibt sie an den Gallenblasen-Meridian weiter.

Der Dreifach Erwärmer besteht aus 3 von oben nach unten angeordneten Abschnitten:
1. Brustraum (Herz, Lungen)
2. Oberbauch (Leber, Magen)
3. Unterbauch (Nieren, Darm, Blase, Milz,
   innere Geschlechtsorgane).

Die auf dem Dreifach Erwärmer-Meridian verteilten Akupunkturpunkte geben Energieströme ab, die alle diese 3 Körperabschnitte erwärmen.

Im Sonnengeflecht, dem Sitz des vegetativen Nervensystems, vereinigen sich die geistigen Kräfte mit den erdgebundenen im Bauchraum. Ist man in der Zeit von 21 bis 23 Uhr besonders kälteanfällig, so deutet das auf eine Disharmonie im Nervensystem hin.

Ein Überdenken seiner Lebenssituation, verbunden mit Meditation und Atemübungen bewirken hier oftmals einen sehr hilfreichen Ausgleich.

Ausgeglichen sein bedeutet ein angenehmes Wärmegefühl, Gesundheit und Lebensfreude und das Bewußtsein, sein Leben fest im Griff zu haben und seine Bestimmung voll zu erfüllen.

Therapeutische Hauptbedeutung:
Augen- und Ohrenschmerzen
Stoffwechselstörungen
rheumatische Beschwerden
Schulter-Arm-Syndrom
Kopfschmerzen, Migräne
Augenprobleme
Schwindelanfälle
Ohrensausen, Schwerhörigkeit
Halsschmerzen
Schmerzen im Verlauf dieses Meridians

Anregungsfarbe - Rot/Violett
Beruhigungsfarbe - Gelb/Grün

Der Dreifach Erwärmer-Meridian der Hand SHAO YANG

23 Akupunkturpunkte; Höchstenergie 22 Uhr

Er beginnt an der äußeren Nagelwurzel des Ringfingers, von wo aus er beidseitig über den Handrücken - den Arm hinauf - über die Schulter - zur Nackenseite - um das Ohr herum - bis ganz nahe an den äußeren Rand der Augenbraue führt, wo er endet.

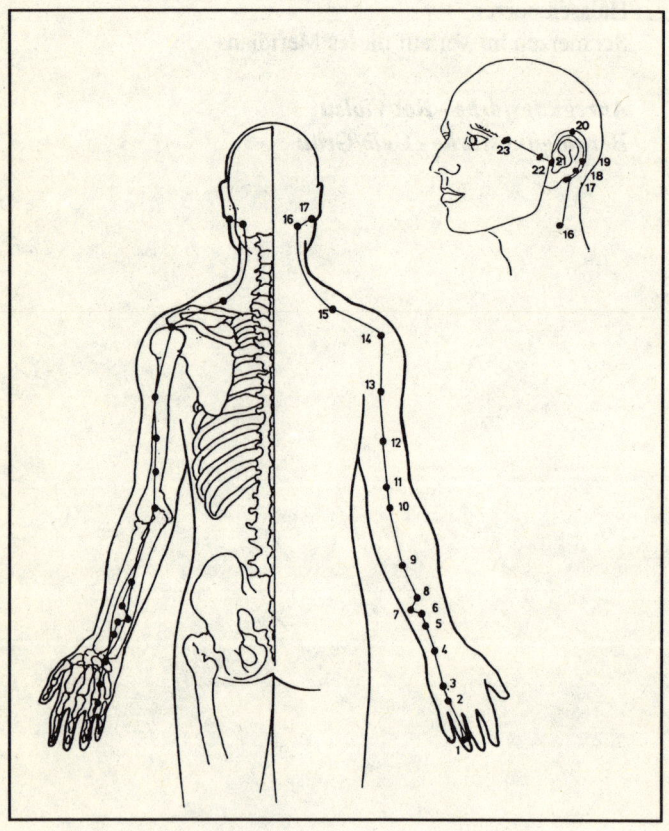

Dreifach Erwärmer-Meridian YANG

3E 1   Guan Chong "Schranke des Ansturms"
        Bewußtlosigkeit, Kopfschmerzen, Ohrensausen

3E 2   Ye Men "Tor der Körpersäfte"
        Schmerzen in der Hand, Kopfschmerzen

3E 3   Zhong Zhu "Mittlere Insel"
        Steigerung der Energie des Blutes, Allergien,
        Stoffwechselstörungen, Rheuma, Generalpunkt der
        Psyche, Traum-fördernd

3E 4   Yang Chi "Teich an der Sonnenseite" oder "Yang-
        Teich"
        Schmerzen im Handgelenk, Wirkung auf das
        Pfortadersystem, Anregung der Speicheldrüsen bei
        trockenem Mund

3E 5   Wai Guan "Äußeres Tor"
        Haupt-Rheuma-Punkt, Kopfschmerzen, Migräne,
        Armschmerzen, Mittelfingertaubheit

3E 6   Zhi Gou "Abzweigender Kanal"
        Schmerzen in Schulter und Brustraum

3E 10   Tian Jing "Himmelsbrunnen"
        Schulter-Arm-Schmerzen, Ohrensausen, Schwindel,
        Kopfschmerzen, Hustenreiz

3E 11   Qing Leng Yuan "Reines tiefes Wasser"
        Armgelenk

3E 15   Tian Liao "Himmelsgrube"
        Meisterpunkt der Arme

3E 17   Yi Feng "Hinter dem Ohrläppchen"
        Ohrensausen, Schwerhörigkeit

3E 21   Er Men "Tor des Ohres"
        Ohrensausen, Schwerhörigkeit

3E 23   Si Zhu "Seiden-Bambus"
        Migräneschmerz hinter den Augen

Der Gallenblasen-Meridian des Fußes
SHAO YANG

44 Akupunkturpunkte
Maximalzeit: 23-1 Uhr
Sinnesorgan: Augen
Geschmack: sauer, ranzig
Gefühl: Zorn

Er empfängt seine Energie vom Meridian des Dreifach Erwärmers und gibt sie an den Leber-Meridian weiter.

Dieser Meridian ist am ehesten an seinen Zacken blockiert, also am Wadenbein, am Oberschenkel und an der Hüfte.

Störungen entstehen oft auch unter dem Schädelbasisknochen, was zu Migräne, Augenflimmern und Sehstörungen führen kann. Im Fluß befindlich gewährt dieser Meridian Ausdauer, Mut und Durchsetzungskraft.

Störungen werden vielfach auch durch unkontrollierte Gefühlsausbrüche, wie Zorn, Wut und Aggressionen, hervorgerufen.

Der Ausspruch "mir läuft die Galle über" ist dafür symptomatisch. Destruktive und unzufriedene Gedanken blockieren die Lebensenergie. Gelbsucht oder Gallensteine können die Folge sein.

Therapeutische Hauptbedeutung:
krampf- und schmerzlindernd bei Kopfschmerzen
Schmerzen am Oberkiefer
Entzündung der äußeren Augenwinkel
Ohrensausen und Schwerhörigkeit
Fieber
Schmerzen in der Umgebung des Meridians

Anregungsfarbe - Violett
Beruhigungsfarbe - Gelb

44 Akupunkturpunkte; Höchstenergie 0 Uhr

Er beginnt gleich hinter der äußeren Augenseite und verläuft beidseitig im Zickzack über den Schädel - zum Nacken - nach vorne über die Schulter - an der Brust und Unterleibsseite hinab zur äußeren Seite von Schenkel und Bein entlang, wo er am äußeren Nagelwinkel der 4. Zehe endet.

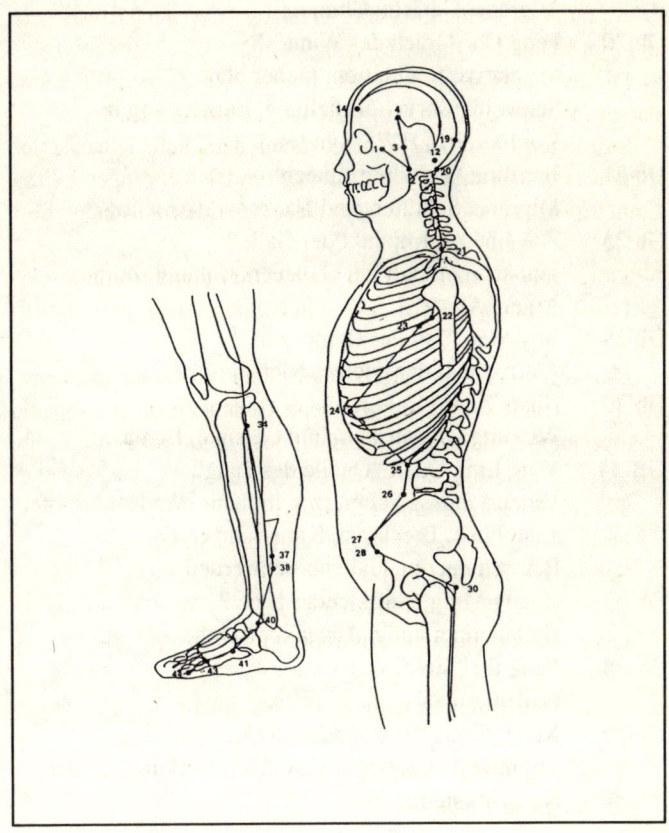

Gallenblasen-Meridian YANG

Gb 1   Tong Zi Liao "Pupillen-Punkt"
Augenerkrankungen, Schläfenkopfschmerz

Gb 2   Ting Hui "Sammeln des Gehörs"
Schwerhörigkeit, Ohrensausen

Gb 4   Han Yan "Zubeißmuskel"
Verschwommene Sicht, seitlicher Kopfschmerz

Gb 14   Yang Bai "Weißes Yang"
Migräne, Gesichtslähmung

Gb 20   Feng Chi "Teich des Windes"
Vegetative Regulation, Fieber ohne
Schweißausbruch, Erkältung, Entzündung im
Kopfbereich, HWS-Syndrom

Gb 21   Jian Jing "Schulterbrunnen"
Migräne, Schulter- und Nackenverspannung

Gb 23   Zhe Jin "Alarmpunkt der Galle"
sehr schmerzhaft bei Gallenerkrankung, Zorn,
Ärger, Angst

Gb 25   Jing Men "Tor der Hauptstadt"
Alarmpunkt der Nieren, Nierenkolik

Gb 30   Huan Tiao "Kreisen und Springen"
Wirkung auf Muskeln und Gelenke, Ischias

GB 34   Yang Ling Quan "Quelle des Yang"
Venenstauung, Schmerzen im Knie, Wadenkrämpfe,
kalte Füße, Brechreiz, Kreuzschmerzen,
Beinschmerzen, Gallenbeschwerden

Gb 37   Guang Ming "Strahlendes Licht"
Gallenerkrankung, Augenkopfschmerz

Gb 38   Yang Fu "Stütze des Yang"
Gallenkoliken

Gb 39   Xuan Zhong "Hängende Glocke"
Migräne, Kopf, heiß - Fuß - kalt, Wirkung auf das
Nervensystem

Gb 40   Chin Su "Markthügel"
        Depressionen, krampflösend
Gb 41   Zu Lin Qi "Fuß-beginnendes Weinen"
        Gegen alle Schmerzen, Spasmen,
        Gelenkerkrankungen, geschwollene Füße
Gb 43   Sia Si "Enges Tal"
        Meteorismus, Völlegefühl, Obstipation, Schlaflosig-
        keit, Nicht-abschalten-können, Ohrensausen, Blutun-
        gen
Gb 44   Quiao Yin "Höhle des Yin"
        Kopfschmerzen

Der Leber-Meridian des Fußes CHUEH YIN

14 Akupunkturpunkte

Maximalzeit: 1-3 Uhr

Sinnesorgan: Augen

Geschmack: sauer, ranzig

Gefühl: Zorn

Er empfängt seine Energie vom Gallenblasen-Meridian und gibt sie an den Lungen-Meridian weiter.

Blockierte Energien in diesem Meridian verdeutlichen eine gewisse Maßlosigkeit - sei es in der Ernährung oder in einem Zuviel-haben-Wollen, womit man übers Ziel hinausschießt und süchtig, gierig oder ständig unbefriedigt und frustriert ist. Unzufriedene, griesgrämige Menschen, denen ständig "eine Laus über die Leber gelaufen ist", sind für eine Erkrankung in diesem Meridian besonders anfällig.

Toleranz, Zufriedenheit und Ausgewogenheit lösen die Blokkaden, und damit ist es möglich, Schwierigkeiten gelassener zu betrachten, um sie schließlich in Erkenntnisse und in Lebenserfahrungen umzuwandeln.

Besonders depressive Menschen brauchen eine Anregung der Leber, um dadurch neue Lebensenergie zu gewinnen und schwarzseherische, negative Gedanken abbauen zu können.

Therapeutische Hauptbedeutung:

Leberstörungen

Erkrankung der Geschlechtsorgane

Druckempfindlichkeit in der Brust

Unterleibsschmerzen

Erbrechen

Bettnässen und Harnverhalten

Hexenschuß

Schmerzen im Bereich des Meridians

Anregungsfarbe - Blau/Violett

Beruhigungsfarbe - Orange/Gelb

Der Leber-Meridian des Fußes CHUEH YIN

14 Akupunkturpunkte; Höchstenergie 2 Uhr

Er beginnt an der inneren Wurzel der großen Zehe und verläuft beidseitig entlang der Innenseite des Beines - über den Bauch - seitlich der Rippen hinauf -, wo er unterhalb der Brust endet.

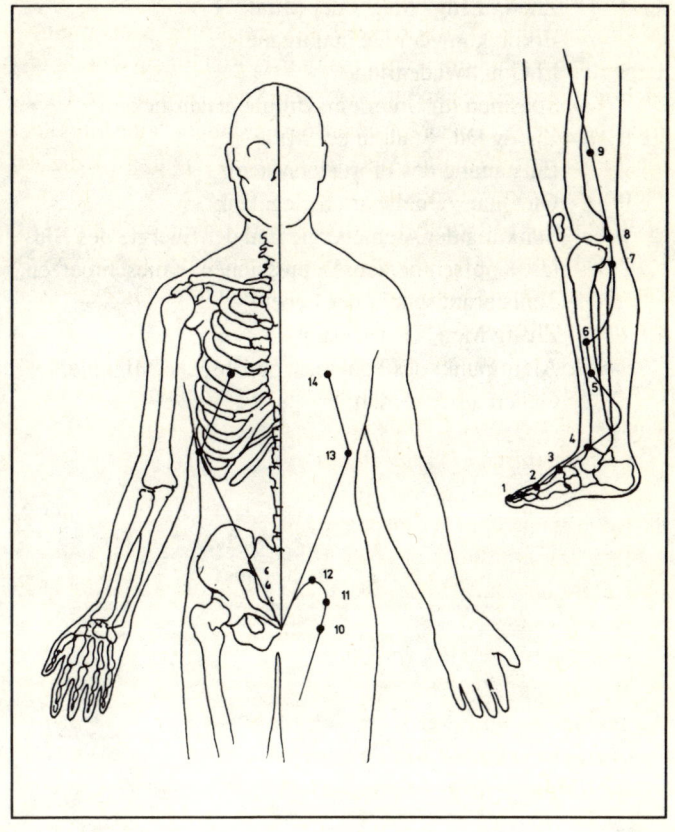

Leber-Meridian YIN

Le 1   Da Dun "Großer Hügel"
         Blutungen

Le 2   Xing Jiang "Zwischenweg"
         Menstruationsstörungen, Zahnschmerzen

Le 3   Tai Chong "Großer Anstoß"
         Augenerkrankungen, Kopfschmerzen, Schwindel,
         Fieber

Le 4   Zhong Feng "Siegel der Mitte"
         Erkrankung der Genitalorgane

Le 5   Li Gou "Wadenrinne"
         Spasmen im Unterleib, Unruhe, Hautjucken

Le 6   Zhong Du "Stadt in der Mitte"
         Entstauung des Pfortadersystems

Le 8   Qu Quan "Quelle am Kniegelenk"
         Stärkung der Atemenergie und der Energie des Blu-
         tes, Kopfschmerzen, Depressionen, Knieschmerzen,
         Tonisierungspunkt der Leber

Le 13   Zhang Men "Gesetzestor"
         Alarmpunkt des Pankreas, hepatogene Migräne,
         Gallenbeschwerden

Das Konzeptionsgefäß
JENN MO (REN-MAI) YIN

24 Akupunkturpunkte

Das Konzeptions- oder Dienergefäß ist der YIN-Partner des Lenkergefäßes, auch "Gouverneur" genannt.

Es wird als "Meer der YIN-Meridiane" bezeichnet, da es alle YIN-Meridiane in sich vereinigt.

Das Konzeptionsgefäß, auch "Direktor" genannt, ist für die YIN-Meridiane verantwortlich.

Er empfängt seine Energie, so wie sein YANG-Partner, das Lenkergefäß, direkt aus der Nebenniere.

Therapeutische Hauptbedeutung:
sämtliche Schwächezustände
Husten
Asthma
Krankheiten des Urogenitalsystems

Anregungsfarbe - Violett
Beruhigungsfarbe - Gelb

24 Akupunkturpunkte

Er beginnt 1 Querfinger vor dem Anus und verläuft an der vorderen Körperseite in der Mitte aufwärts, über Bauch - Brust - Hals - und endet im Grübchen in der Mitte zwischen Kinn und Unterlippe.

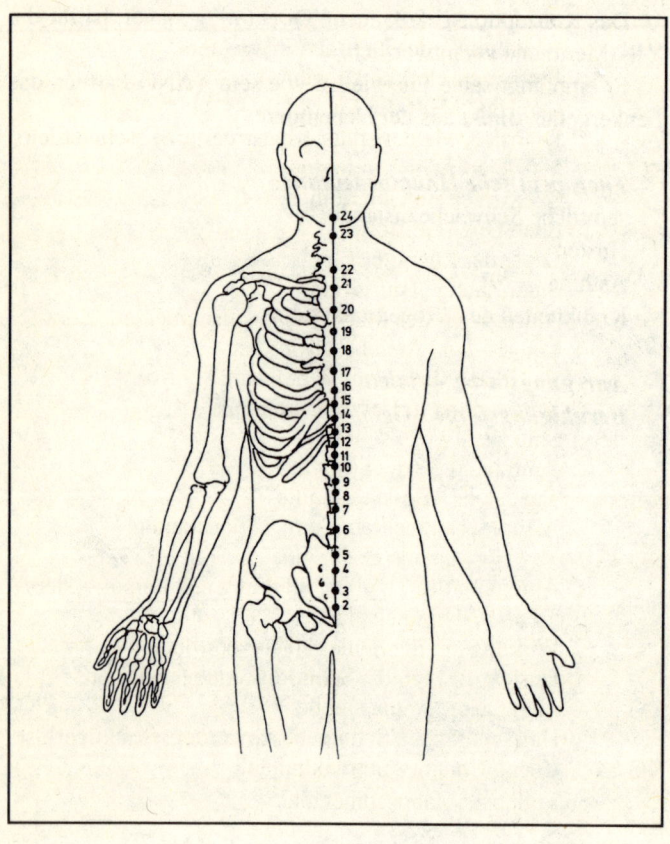

Konzeptionsgefäß JENN-MO (YIN)

KG 2   Shou Gu "Energiequelle"
Schwinden der Sinne, Ohnmacht, allgemeine
Schwäche

KG 3   Zhong Ji "Mittlerer Gipfel"
Alarmpunkt der Blase, Menstruationsbeschwerden,
Prostatabeschwerden, Angstgefühle, chronisch kalte
Füße

KG 4   Guan Yuan "Schranke der Lebenskraft"
Alarmpunkt des Dünndarms, Unterbauchschmerzen

KG 5   Shi Men "Steintor"
Alarmpunkt des Dreifach Erwärmers,
Stoffwechselerkrankungen

KG 6   Qui Hai "Meer der Energie"
Diarrhoe, Meteorismus, Menstruationsbeschwerden

KG 7   Yin Tsiao "Yin-Vereinigung"
Schmerzen im Unterleib

KG 8   Shen Que "Geistestor"
Leere der Energie (Nabelmittelpunkt)

KG 12   Shan Zhong "Brustmitte"
Alarmpunkt des Magens, Magenschmerzen, Herz-,
Lungen- und Atembeschwerden

KG 14   Tu Chue "Mangel an Widerstand"
Kurzatmigkeit, Herzbeklemmung

KG 15   Shiu Wei "Vogelschwanz"
Zentrale Sedierung (mit LG 19)

KG 17   Tan Zhong "Burstkorbmitte"
Asthma, Herzbeklemmung, Milchstauung

KG 18   Yu Tang "Quelle der Freude"
Anregung des Thymus, Stärkung des Immunsystems

KG 22   Tien Tu "Himmelspfad"
Wirkung auf die Schleimhäute der oberen Luftwege,
Husten, Bronchitis, Schilddrüsenüberfunktion

KG 23   Lien Quan "Reine Quelle"
Halsschmerzen, Schluckbeschwerden, Stimmverlust

KG 24   Cheng Chiang "Getränkhalten"
Epilepsie, Zahnschmerzen

Das Lenkergefäß
TOU MO (DU MAI) YANG

28 Akupunkturpunkte

Das Lenkergefäß steigt über die Mittellinie des Rückens auf. Dem Rücken wird nach chinesischer Auffassung der Energiefaktor YANG zugeordnet, deshalb auch der YANG-Charakter dieses Meridians, der als "Meer der YANG-Meridiane" bezeichnet wird.

Am 7. Halswirbel wird er zum Treffpunkt aller YANG-Meridiane, woraus sich seine Hauptfunktion ableitet.

Er herrscht über sämtliche YANG-Meridiane. Seine Energie bezieht er aus der Nebenniere.

Therapeutische Hauptbedeutung:
Erkrankungen der Wirbelsäule
Kopfschmerzen
Fieber
übermäßige Erregung
Verspannung der Rückenmuskulatur
Symptome des Zentralnervensystems

Anregungsfarbe - Gelb
Beruhigungsfarbe - Violett

28 Akupunkturpunkte

Er beginnt am Ende des Steißbeines und zieht über die rückwärtige Körpermittellinie aufwärts über den Kopf - Stirn - Nase -, wo er dann, zwischen den Wurzeln der Schneidezähne, genau in der Mitte zwischen Nase und Oberlippe, endet.

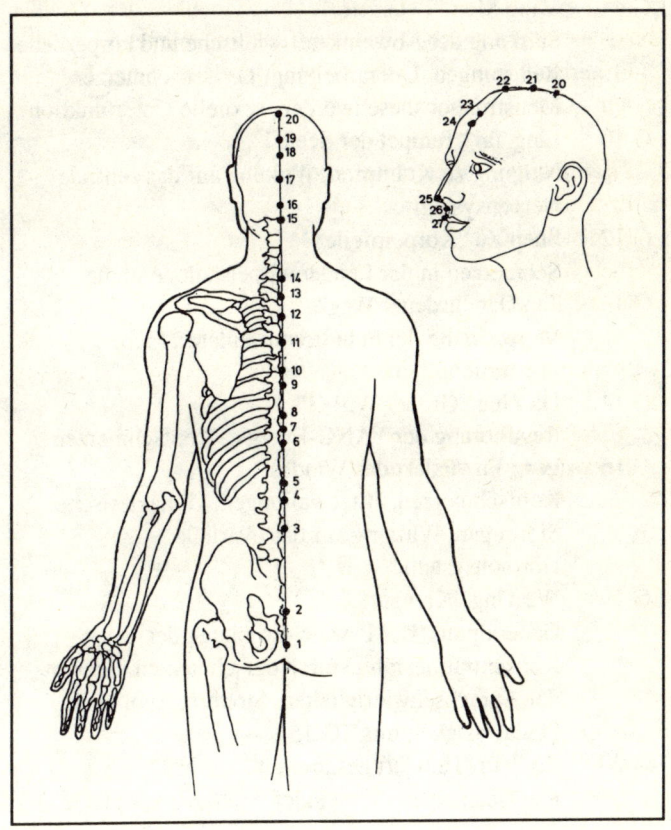

Lenkergefäß TOU -MO (YANG)

LG 1   Zhang Quiang "Lange Stärke"
Hämorrhoiden

LG 2   Yao Yu "Punkt, in dem die Lende antwortet"
Stauungen im Genitalbereich, Probleme in der Sexualität, Lumbago (Hexenschuß)

LG 3   Yang Kuan "Unterhalb des Gürtels"
Neuralgien, Nierenschmerzen, Lumbago

LG 4   Ming Men "Lebenstor"
Stärkung der Abwehrkraft, seelische und körperliche Belastungen, Überarbeitung, Lendenschmerzen, Menstruationsbeschwerden, sexuelle Unterfunktion

LG 10   Ling Tai "Tempel der Seele"
Neigung zu Krämpfen, Wirkung auf das zentrale Nervensystem

LG 12   Shen Zu "Körperpfeiler"
Schmerzen in der Lendenwirbelsäule, Asthma

LG 13   Tao Dao "Irdener Weg"
Verspannung der Schultermuskulatur, Fieber, Frustration

LG 14   Da Zhui "Großer Wirbel"
Regulierung der YANG-Energie, Kopfschmerzen

LG 16   Feng Fu "Palast des Windes"
Kopfschmerzen, Hitzewallungen, klimakterische Störungen, Wirkung auf das ovarielle Hormonsystem

LG 19   Wu Ting "Kreuzung"
Generalpunkt der Psyche, Erhöhung der Konzentrationsfähigkeit, Kopfschmerzen, Schwindel, Sprachschwierigkeiten, Stottern, Apoplexie, Schlaflosigkeit mit KG 15

LG 20   Bai Hui "Hundert gesammelt"
Kopfschmerzen, Schwindel, Stottern, Apoplexie,

Erkrankung der Augen, Schlaflosigkeit

LG 23   Xing "Oberer Stern"
Wirkung auf die Schleimhäute, Nasenbluten, Kopfschmerzen

LG 24   Shen Ting "Geisterpalast"
Kopfschmerzen hinter den Augen, Nebenhöhlen mit
LG 25

LG 26   Ren Zhong "Menschenmitte"
Reanimationspunkt bei Ohnmacht, Kollaps

LG 27   Toe Toan "Linienpunkt"
Zahnschmerzen, Zahnfleisch anregend, Abszeß in
und um die Nase

Die Entstehungsgeschichte der Farb-Meridian-Uhr

Nachdem ich mich sehr ausführlich mit der Farb-Meridian-Therapie auseinandergesetzt hatte, blieb für mich immer wieder die eine Frage offen: "Warum gerade diese und jene Farbe für die einzelnen Meridiane?"

Es war für mich unbefriedigend, die Meinung anderer so einfach zu übernehmen, zumal mir auch aufgefallen war, daß in der Fachliteratur kein einheitlicher Trend in punkto Farbwahl festzustellen ist.

Deshalb habe ich beschlossen, der Sache einmal selbst auf den Grund zu gehen, um mir ein eigenes Bild zu machen - und ich kann Ihnen versichern, es war ein aufregendes Abenteuer, in das ich mich da eingelassen habe.

Zuerst suchte ich einmal nach Fakten, an denen nicht zu rütteln war, und die mir deshalb als sichere Ausgangsbasis erschienen. Dazu gehörte zuerst einmal der Goethesche Farbkreis mit seinen 12 Farben und die Organuhr (nach Dr. Stiefvater), die auf uralten chinesischen Erkenntnissen beruht und aus welcher die Höchstenergiezeit der einzelnen Meridiane genau zu erkennen ist. Als Ausgangspunkt für den Farbstern erschien mir das hermetische Gesetz "wie oben - so unten" richtungweisend und plausibel.

Nun hatte ich 12 Farben, 12 Meridiane und 12 Sternzacken zur Verfügung. Nachdem ich dann die 4 Himmelsrichtungen markiert hatte, ergab sich alles weitere fast von selbst.

Der Gallenblasen-Meridian hat seine Höchstenergiezeit um Mitternacht - also ordnete ich ihn dem Norden zu.

"Im Violett kämpft das Licht mit der Finsternis, aber die Finsternis trägt den Sieg davon", sagte Goethe, und verhalf mir so zu der Überzeugung, daß Violett damit der größten Dunkelheit, also der Mitternacht, zugeteilt werden müßte.

"Gelb ist die hellste, leuchtendste Farbe, die dem weißen Licht am nächsten ist", und damit gehört Gelb in den Süden - zur Mittagszeit - zum Herz-Meridian.

Dann fiel mir genau im richtigen Augenblick ein Buch in die Hände, das mir meine weiteren Fragen nach der richtigen Plazierung der Farben beantworten konnte.

Englische Wissenschaftler sind nämlich der Frage nach der Farbe des Lichts zu den verschiedenen Tageszeiten nachgegangen und haben durch exakte Messungen herausgefunden, daß das Licht des frühen Morgens blau ist, das des Vormittags grün, das des Nachmittags orange und das des Abends rot.

Jetzt wußte ich, wie der Farbkreis mit der Uhrzeit im Zusammenhang gebracht werden mußte, damit die zugehörigen Meridiane ihre richtigen Farben bekommen.

Nun hatte ich bildlich vor mir, wonach ich lange gesucht habe, und jetzt konnte ich auch Theorien akzeptieren, die mir von anderer Seite her durch meine Studien bekannt waren.

Die Übersichtlichkeit, in welcher die YIN- und YANG-Meridiane mit ihren Anregungs- und den komplimentären Beruhigungsfarben jetzt deutlich erkennbar waren, und die perfekte Ordnung, welche sich in der Regelmäßigkeit der YIN- und YANG-Pole sowie der Anfangs- und Endpunkte in Händen und Füßen darstellte, faszinierte mich.

Ebenfalls interessant war die Entdeckung, daß jeweils 2 Meridiane den gleichen altchinesischen "Familiennamen" tragen, woraus eine Zusammengehörigkeit ersichtlich ist.

Ein weiteres, interessantes Detail war die Auffälligkeit der Zahl 888, und zwar insofern, als daß jedes der gleichseitigen Dreiecke des Sterns in einem "8-Stunden-Rhythmus" miteinander verbunden ist - genau nach dem Schema der altchinesischen Vorstellung, nach welcher Chi und Blut in den Meridianen zirkulieren.

(Le, MP, Ni - Lu, KS, He - Di, 3E, Dü - Ma, Gb, Bl)

Einen weiteren, wichtigen Hinweis gibt die Sternspitze, welche einem Meridian gegenüberliegt, indem sie auf die Stunde zeigt, in welcher dort ein Energieminimum vorherrscht. Damit lassen sich Beschwerden, die immer zur gleichen Zeit auftreten, oftmals leichter als Störung des komplementär liegenden Meridians erkennen.

Auch aus den entsprechend eingeordneten Monaten lassen sich Rückschlüsse auf die Organfunktionen in dieser Zeit ziehen. Ebenso läßt sich die Zugehörigkeit der 5 Elemente zu den einzelnen Meridianen auf einen Blick erkennen.

Damit hat man also alle wesentlichen Zusammenhänge vor Augen und kann somit auch die richtige Farbwahl in Bezug auf die jeweiligen Meridiane treffen. Ich freue mich, Ihnen mit der Farb-Meridian-Uhr eine übersichtliche Hilfe übergeben zu können, die Ihnen bei der Therapie mit Farben ganz sicher wertvolle Dienste leisten wird.

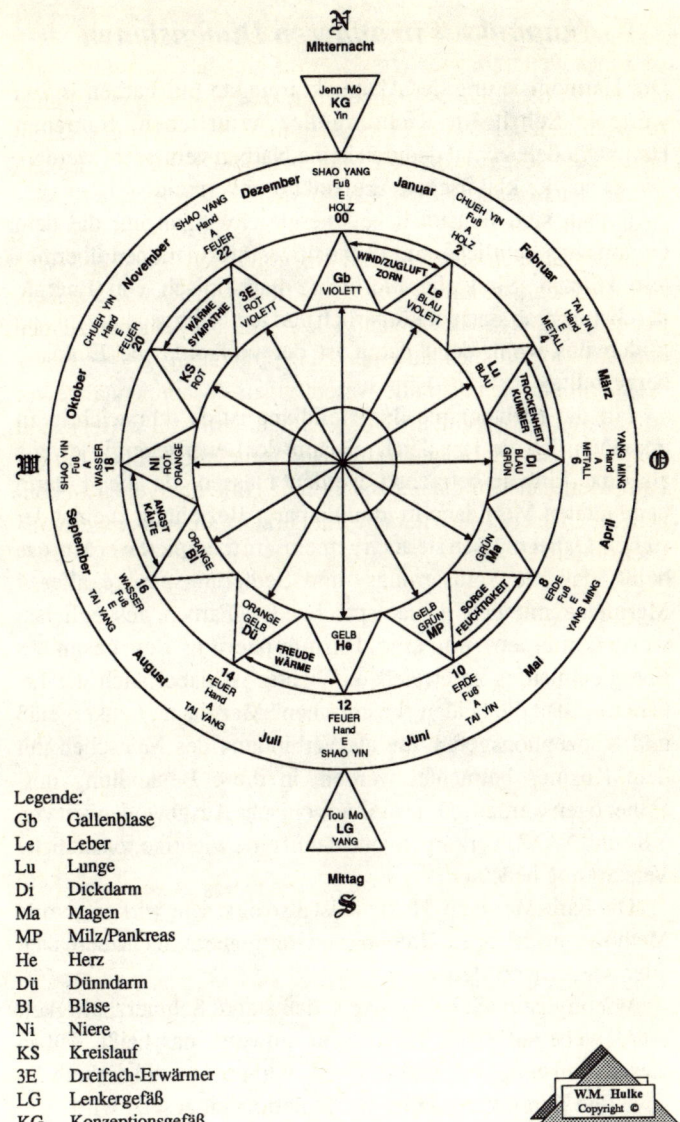

Legende:

Gb   Gallenblase
Le   Leber
Lu   Lunge
Di   Dickdarm
Ma   Magen
MP   Milz/Pankreas
He   Herz
Dü   Dünndarm
Bl   Blase
Ni   Niere
KS   Kreislauf
3E   Dreifach-Erwärmer
LG   Lenkergefäß
KG   Konzeptionsgefäß

Akupunktur in anderen Dimensionen

Die Harmonisierung der Akupunkturpunkte mit Farben ist ein weiterer Schritt in Richtung der natürlichen, humanen Heilmethoden, zumal dadurch keine Narben verursacht werden, wie es bei der klassischen Akupunktur unvermeidbar ist.

Farben sind feinstoffliche Energieschwingungen, die dem Organismus deutliche und nachhaltige Informationen übermitteln können. Sind alle Meridiane harmonisch von Energie durchströmt, so sind wir körperlich und seelisch ausgewogen und fühlen uns wohl, denn damit ist der vollkommene Einklang hergestellt.

Für die Farbtherapie der Meridiane ist es sehr wichtig zu erkennen, daß die 3 großen Kreisläufe der Lebensenergie jeweils als eine Einheit betrachtet werden müssen, da die 4 darin beinhalteten Meridiane in unmittelbarer Beziehung zueinander stehen. Daher müssen sie auch gemeinsam therapiert werden, das heißt, daß die Tonisierungs- und Sedierungspunkte aller 4 Meridiane mit den dementsprechenden Farben ausgeglichen werden müssen, um eine Harmonisierung des gesamten Energieumlaufes zu erreichen. Wichtig ist dabei auch die Erkenntnis, daß die beiden "kosmischen" Meridiane, Lenkergefäß und Konzeptionsgefäß, die als Verbindung des Menschen mit dem Kosmos betrachtet werden, in diese Behandlung miteinbezogen werden, da sie die harmonische Ausgewogenheit von YIN und YANG verkörpern und damit eine wichtige, zusätzliche Verstärkung bedeuten.

Die Farb-Meridian-Therapie ist also eine sehr wirkungsvolle Methode, um die innere Ordnung und Harmonie aufrechtzuerhalten oder wiederherzustellen.

Wichtig ist noch der Hinweis, daß starke Schmerzhaftigkeit im Gewebe auf einen Energiestau hinweist, das heißt, daß in diesem Fall ein Überschuß an YANG vorherrscht und deshalb die jeweilige Beruhigungsfarbe zur Sedierung eingesetzt wird.

Ein Energiemangel wird hingegen mit der Anregungsfarbe therapiert, um eine Tonisierung des Gewebes zu erzielen.

Auffallend ist die Tatsache, daß alle therapeutisch besonders wichtigen Punkte eines Meridians in den Bereichen Ellenbogen bis Fingerspitzen oder Kniegelenk bis Zehenspitzen zu finden sind.

Farben lassen sich sowohl mittels Farblicht auf den Organismus übertragen als auch in Form farbiger Edelsteine - die Methode des Edelsteinauflegens gehört mit zu den ältesten, überlieferten Heilmethoden - oder naturgefärbter Seide, die mit Pflaster auf die Akupunkturpunkte aufgeklebt werden und dort einige Tage verbleiben.

Farbschwingungen sind nicht nur im Licht, sondern auch im Dunkel wirksam, da unser feinstoffliches Energiefeld elektromagnetische Strahlungen ausbreitet, wodurch die Rezeptoren der Haut die Farben immer wahrnehmen können.

Zur Durchführung der Akupunktur mit Farblicht eignet sich das Multi Color Combi Set hervorragend, weil man damit sämtliche Farben der einzelnen Meridiane durch Kombination mehrerer Farbplättchen präzise zusammenstellen kann, wodurch auch die Mischfarben sehr genau zum Ausdruck kommen.

Vertrieb der Muli Color Combi in Europa:

D: Wrage Versandservice, Schlüterstr. 4, W-2000 Hamburg 13

A: Firma R. Engel, Sieveringer Str. 126/4, A-1190 Wien

CH: Buchhandlung Scherz, Marktgasse 25, CH-3012 Bern

Vor uns allen, die wir in der Farbtherapie die Heilmethode der Zukunft erahnen, liegt noch ein weites Feld, das es zu bearbeiten gilt, um den Heilkräften der Farben den Stellenwert zukommen zu lassen, der ihnen zusteht.

Deshalb möchte ich alle diejenigen, deren Denken nicht in rein analytisch faßbaren Bahnen kreist, sondern die hinter die Dinge schauen und dabei ein Licht erkennen können, dazu ermuntern, einen Schritt in diese andere Dimension der Akupunktur zu wagen und dabei weitere Erfahrungen und Fakten zu sammeln, die den

Wert dieser Therapieform weiter untermauern helfen, um ihr damit zur rechten Zeit den Durchbruch zu ermöglichen, der ihr bestimmt ist - der immer mehr in Gang gesetzt wird - und der nicht mehr aufzuhalten ist.

Wir alle gemeinsam, die wir guten Willens sind und den Weg zum Licht suchen, wir können viel dazu beitragen.

Tabelle der wichtigen Akupunkturpunkte

Meridian		anregen	be-ruhigen	Lo-Punkt	Quell-Punkt	Zustim-mungs-Punkt	Alarm-Punkt	
Lunge	Yin	Lu 9 BLAU	Lu 5 ORANGE	Lu 7	Lu 9	Bl 13	Lu 1	I. ENERGIEUMLAUF
Dick-darm	Yang	Di 11 BLAU/ GRÜN	Di 2 ORANGE/ ROT	Di 6	Di 4	Bl 25	Ma 25	
Magen	Yang	Ma 41 GRÜN	Ma 45 ROT	Ma 40	Ma 42	Bl 21	KG 12	
Milz/ Pankreas	Yin	MP 2 GRÜN/ GELB	MP 5 ROT/ VIOLETT	MP 4	MP 3	Bl 20	Le 13	
Herz	Yin	He 9 GELB	He 7 VIOLETT	He 5	He 7	Bl 15	KG 14	II. ENERGIEUMLAUF
Dünn-darm	Yang	Dü 3 GELB/ ORANGE	Dü 8 VIOLETT/ BLAU	Dü 7	Dü 4	Bl 27	KG 4	
Blase	Yang	Bl 67 ORANGE	Bl 65 BLAU	Bl 58	Bl 64	Bl 28	KG 3	
Niere	Yin	Ni 7 ORANGE/ ROT	Ni 1+2 BLAU/ GRÜN	Ni 4	Ni 3	Bl 23	GB 25	
Kreislauf- Sexus	Yin	KS 9 ROT	KS 7 GRÜN	KS 6	KS 7	Bl 14	KS 7	III. ENERGIEUMLAUF
Dreifach-erwärmer	Yang	3E 3 ROT/ VIOLETT	3E 10 GRÜN/ GELB	3E 5	3E 4	Bl 22	KG 5	
Gallen-blase	Yang	Gb 43 VIOLETT	Gb 38 GELB	Gb 37	Gb 40	Bl 19	GB 23	
Leber		Le 8 VIOLETT/ BLAU	Le 2 GELB/ ORANGE	Le 6	Le 3	Bl 18	Le 13	

Harmonisierung der Lebensenergie

I. Umlauf (Lunge - Dickdarm / Magen - Milz/Pankreas)

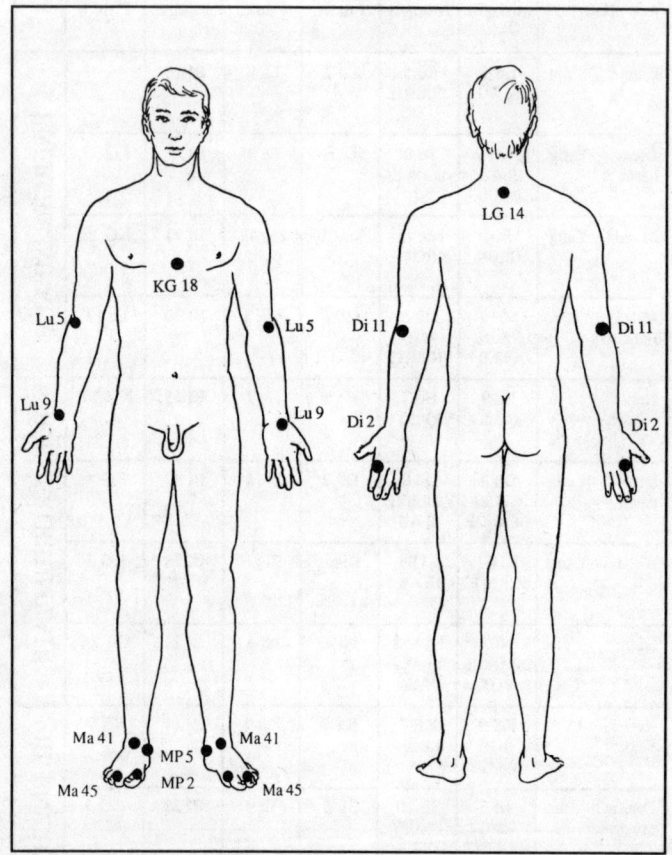

Tonisierungspunkte:
Lu 9 - Blau, Di 11 - Blau/Grün, Ma 41 - Grün, MP 2 - Grün/Gelb
Sedierungspunkte:
Lu 5 - Orange, Di 2 - Orange/Rot, Ma 45 - Rot, MP 5 - Rot/Violett
LG 14 - Gelb, KG 18 - Violett

II. Umlauf (Herz - Dünndarm/ Blase - Niere)

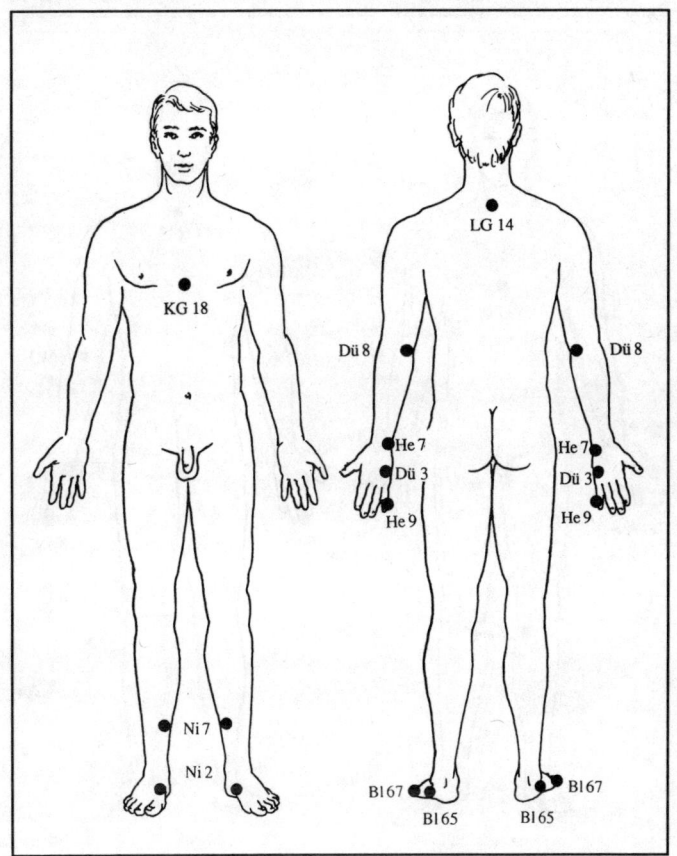

Tonisierungspunkte:
He 9 - Gelb, Dü - Gelb/Orange, Bl 67 - Orange, Ni 7 - Orange/Rot

Sedierungspunkte:
He 7 - Violett, Dü 8 - Violett/Blau, Bl 65 - Blau, Ni 2 - Blau/Grün,
LG 14 - Gelb, KG 18 - Violett

III. Umlauf
(Kreislauf - Dreifach Erwärmer/ Gallenblase - Leber)

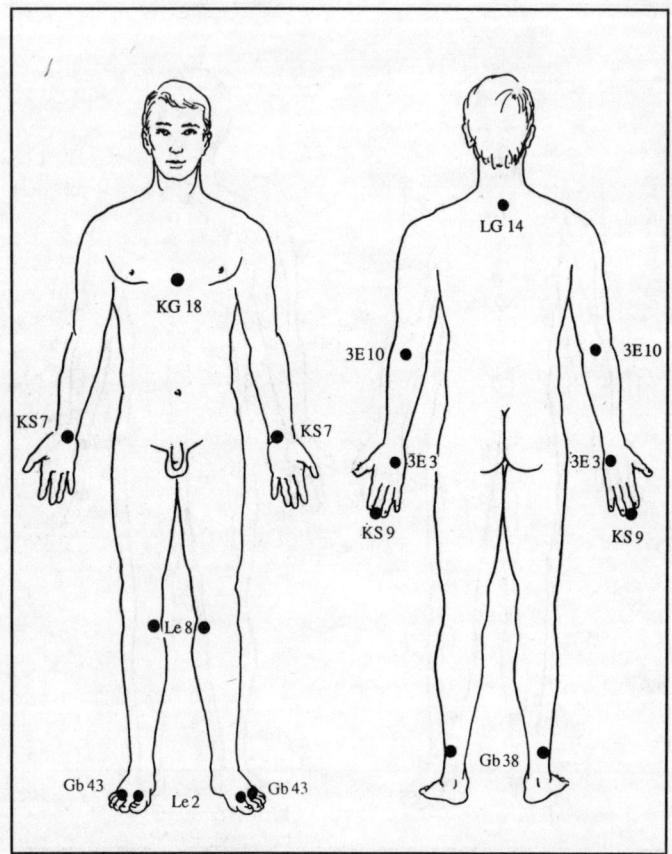

Tonisierungspunkte:
KS 9 - Rot, 3E 3 - Rot/Violett, Gb 43 - Violett, Le 8 - Blau/Violett
Sedierungspunkte:
KS 7 - Grün, 3E 10 - Grün/Gelb, Gb 38 - Gelb, Le 2 - Gelb/Orange,
LG 14 - Gelb, KG 18 - Violett

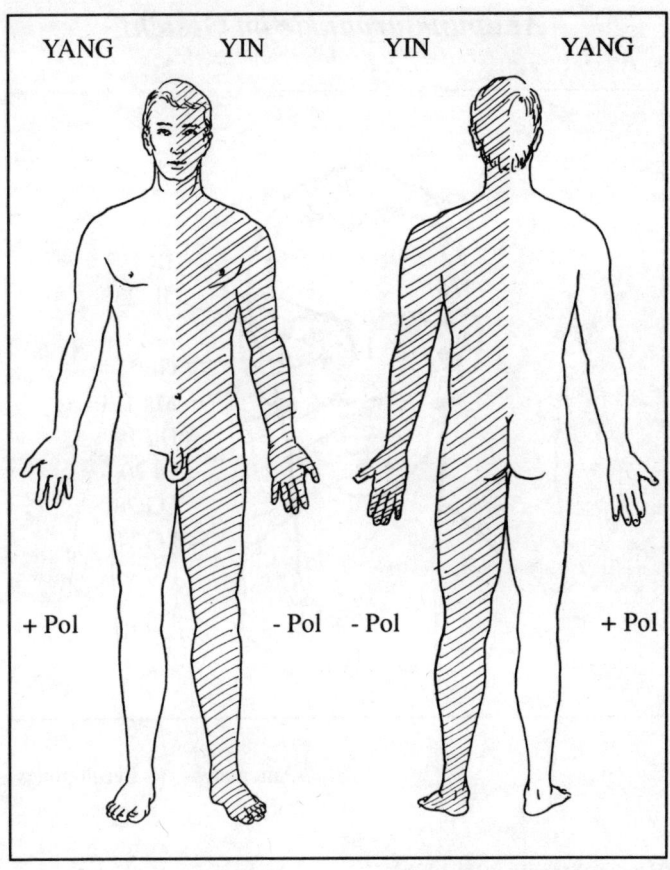

YANG	YIN	YIN	YANG
+ Pol	- Pol	- Pol	+ Pol

YANG-Meridiane
Gallenblasen-M.
Dickdarm-M.
Magen-M.
Dünndarm-M.
Blasen-M.
Dreifach Erwärmer
Lenkergefäß
Anregungsfarbe - rechts
Beruhigungsfarbe - links

YIN-Meridiane
Leber-M.
Lungen-M.
Milz/Pankreas-M.
Herz-M.
Nieren-M.
Kreislauf-M.
Konzeptionsgefäß
Anregungsfarbe - links
Beruhigungsfarbe - rechts

203

Akupunkturpunkte im Gesicht

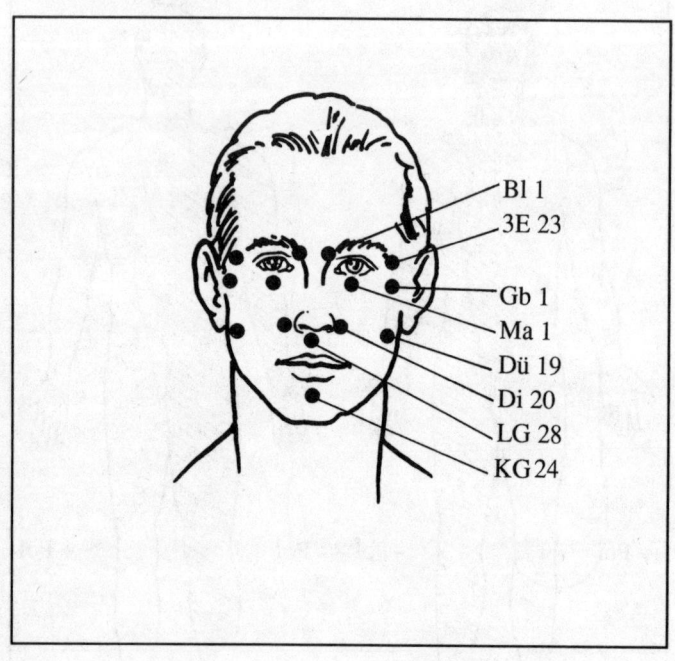

	Anregungs- farbe	Beruhigungs- farbe
Blasen-Meridian (Bl) YANG	Orange	Blau
Dreifach Erwärmer (3E) YANG	Rot/Violett	Grün/Gelb
Gallenblasen-M. (Gb) YANG	Violett	Gelb
Magen-Meridian (Ma) YANG	Grün	Rot
Dünndarm-M. (Dü) YANG	Gelb/Orange	Violett/Blau
Dickdarm-Meridian (Di) YANG	Blau/Grün	Orange/Rot
Lenkergefäß (LG) YANG	Gelb	Violett
Konzeptionsgefäß (KG) YIN	Violett	Gelb

Akupunkturpunkte an den Füßen

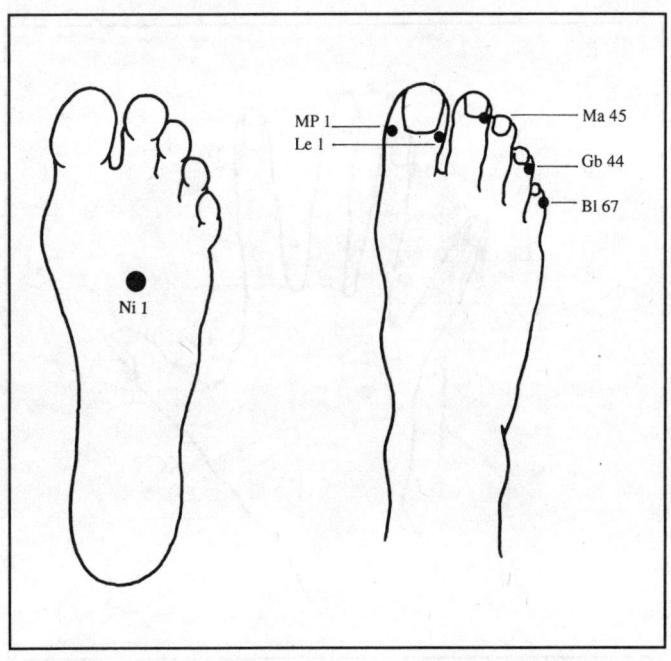

	Anregungs-farbe	Beruhigungs-farbe
Nieren-Meridian (Ni) YIN	Orange/Rot	Blau/Grün
Milz/Pankreas-M. (MP) YIN	Grün/Gelb	Rot/Violett
Leber-Meridian (Le) YIN	Blau/Violett	Orange/Gelb
Magen-Meridian (Ma) YANG	Grün	Rot
Gallenblasen-M. (Gb) YANG	Violett	Gelb
Blasen-Meridian (Bl) YANG	Orange	Blau

Akupunkturpunkte an den Händen

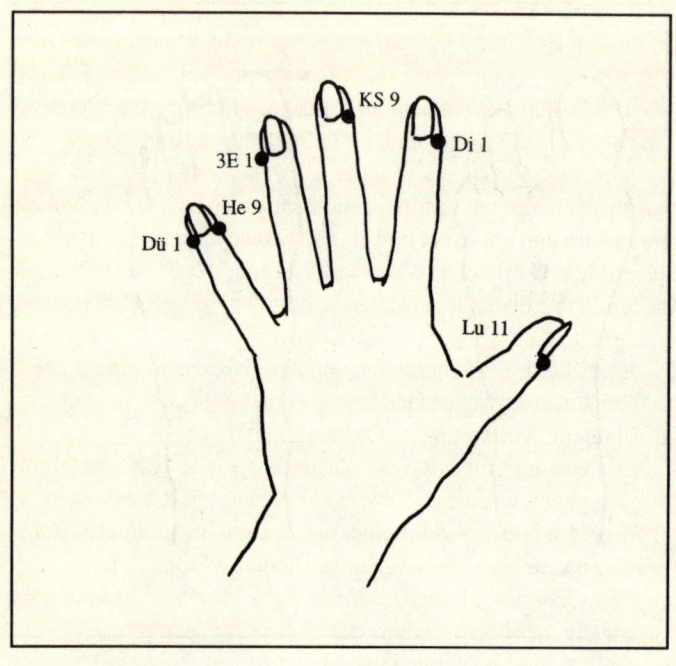

	Anregungs-farbe	Beruhigungs-farbe
Lungen-Meridian (Lu) YIN	Blau	Orange
Dickdarm-M. (Di)YANG	Blau/Grün	Orange/Rot
Kreislauf-M. (KS) YIN	Rot	Grün
Dreifach Er. (3E) YANG	Rot/Violett	Grün/Gelb
Herz-Meridian (He) YIN	Gelb	Violett
Dünndarm-M. (Dü) YANG	Gelb/Orange	Violett/Blau

Schlußwort

In diesem Buch sind gewaltige Erkenntnisse aufgezeichnet, die mir aus einer höheren Welt zugeflossen sind, welche dem LICHT näher ist als unser Lebensraum Erde, auf dem wir jetzt leben und wo wir dazu aufgerufen sind, unser Seelenprogramm zu erfüllen.

Ich übergebe dieses Wissen all denen, die sich mit dem kosmischen Gesetz erfüllen möchten, um damit ihr Leben zu bereichern und um so der gewaltigen Gnade teilhaftig zu werden, die uns allen zufließt aus dem weißen Licht der Sonne und ihren sieben Farbgrößen, die in einem unmittelbaren Verhältnis zu uns stehen und damit unser Leben durchweben.

Ich habe die Erkenntnis gewonnen, daß wir in einem übermächtigen, kosmischen Geschehen eingebettet sind, in dem eine absolute und vollkommene Ordnung herrscht.

Das bedeutet für uns, daß wir umfangreiche Hilfen erfahren können, wenn wir dieses Gesetz anerkennen und ihm folgen.

In einem Leben verläuft alles nach einem bestimmten Grundmuster, das in ein Farbenrad eingegliedert werden könnte.

Die Geburt - als aufgehender Tag, die Entwicklung und Erlangung der Reife, wenn die Sonne im Zenit steht - und schließlich das aufkommende Abendrot, bis es dann langsam Nacht wird und das Leben hinübergleitet in andere Gefilde, um eine weitere Phase zu durchschreiten und um dann erneut aufzusteigen in die irdischen Ebenen.

Dieser Ablauf verdeutlicht sich sehr genau im Auf- und Absteigen der Farbenergiewellen, die in ihrem Schwingungsverhalten den einzelnen Lebensabschnitten entsprechen und die damit widerspiegeln, was in einem Menschenleben erfüllt werden muß, um alle Stufen der Entfaltung gewissenhaft emporzusteigen, dem LICHT entgegen.

Damit ist der kosmische Ablauf gewährleistet und die Erfüllung eines Daseins gewonnen, denn dieses liegt immer im Erkennen der gesetzmäßigen Ordnung und in der Verwirklichung der Lebensregel, die da lautet:

"Gehet hin in Frieden und erkennt die Größe der Schöpfung in ihrem wahren Ausmaß und in der vollkommenen Ausgewogenheit aller Dinge."

Gedanken der Stille

Und das Licht scheint in der Finsternis
und die Finsternis hat es nicht begriffen.
Joh. 1, 5

Die Natur ist nicht an der Oberfläche, sie ist in der Tiefe.
Die Farben sind Ausdruck dieser Tiefe an der Oberfläche.
Sie steigen aus den Wurzeln dieser Welt auf. Sie sind ihr Leben.
Paul Cezanne

Dies ist das Geheimnis: Diesseits und jenseits das gleiche All.
Tao Te King

Ich verstehe unter Geist die Kraft der Seele, welche denkt und
Vorstellungen bildet.
Aristoteles

Unglück wird zum Glück, wenn man es bejaht.
Hermann Hesse

Das Siegel der Wahrheit ist die Einfachheit.
Hermetische Weisheit

Nichts ist schlecht oder gut. Unsere Gedanken machen das Glück
aus oder bringen uns das Unglück.
Shakespeare

Wenn dir das Schicksal eine Zitrone reicht, mach eine Limonade
daraus.
Dale Carnegie

Im Maße liegt die Ordnung. Jedes Zuviel und jedes Zuwenig setzt an Stelle der Gesundheit Krankheit.
Sebastian Kneipp

Die Menschen kommen durch nichts Gott näher, als wenn sie andere Menschen glücklich machen.
Cicero

Leben besteht aus vielen Augenblicken der Hoffnung.
A. Filk-Nagelschmit

Idealist sein heißt - Kraft haben für andere.
Novalis

Freuden sind unsere Flügel - Schmerzen unsere Sporen.
Jean Paul

Da, wo du deine Schwächen hast, kannst du besonders stark werden.
Alfred Adler

Jede sprossende Pflanze, die mit Düften sich füllt, trägt im Kelche das Ganze - ein Weltgeheimnis - verhüllt.
Emanuel Geibel

Nicht die sichtbare, vergängliche Materie ist das reale, wahre Wirkliche, sondern der unsichtbare, unsterbliche Geist ist das Wahre.
Max Planck

Es kommt darauf an, den Körper mit der Seele und die Seele durch den Körper zu heilen.
Oscar Wilde

Man kann einen Menschen nichts lehren. Man kann ihm nur helfen, es in sich selbst zu entdecken.
Galilei

Glück ist Liebe - nichts anderes.
Wer lieben kann ist glücklich.
Hermann Hesse

Glaube ohne Liebe macht fanatisch - Pflicht ohne Liebe macht verdrießlich - Ordnung ohne Liebe macht kleinlich - Macht ohne Liebe gewalttätig - Gerechtigkeit ohne Liebe macht hart - ein Leben ohne Liebe macht krank.
Anonymus

Literaturverzeichnis

Blumen, die durch die Seele heilen, Dr. Ewald Bach, Hugendubel Verlag, München 1984

Praxis und Theorie der Neuen Chinesischen Akupunktur, G. König, W. Wancura, Verlag Wilhelm Maudrich, Wien-München-Bern 1979

Akupunktur, Akupressur und Moxibustion, Gabriel Stux, Verlag Birkhäuser, Basel-Boston-Berlin 1990

Akupunktur - Ein Weg zur Heilung von vielen Krankheiten, Felix Mann, Haug Verlag, Heidelberg 1967

Ratschläge für den Akupunkteur, August Brodde, Pflaum Verlag, München 1967

Geistiges Pendeln, Rudolf Mlaker, Verlag Richard Schikowski, Berlin 1974

Das Buch der Zahlen, Cheiro, Verlag Hermann Bauer, Freiburg 1973

Die Geheimnisse der Pyramiden-Energie, Paul Liekens, Edition Schangrila, Haldenwang 1987

Aroma-Therapie von A-Z, Patricia Davis, Knaur Verlag, München 1990

Handbuch der heilenden Energien, Waltraud-Maria Hulke, Windpferd Verlag, Aitrang 1990

Verzaubernde Düfte, Monika Jünemann, Windpferd Verlag, Aitrang 1990

Harmonielehre der Farben, Harald Küppers, DuMont Buchverlag, Köln 1989

Farben für Seele, Geist und Körper, Andree Schlemmer, Hallwag Verlag, Bern-Stuttgart 1990

Farb-Therapie, der sanfte Weg der Heilung, Annie Wilson/Lilla Bek, Scherz Verlag, Bern-München-Wien 1990

Die persönliche Magie der Farben, Clarissa Ray, Edition Tramonte, Bad Münstereifel 1991

Das Farborakel, Marie Louise Lacy, Knaur Verlag, München 1991

Das Farben-Heilbuch, Waltraud-Maria Hulke, Windpferd Verlag, Aitrang 1991

Wie Farben wirken, Eva Heller, Rowohlt Verlag, Hamburg 1989

Meridian-Therapie, Christel Heidemann, Band 1 und 2, Badenweiler 1985

Praktisches Handbuch der Farbpunktur, Peter Mandel, Energetik Verlag, Bruchsal 1986

Lichtblicke in der ganzheitlichen (Zahn-)Medizin, Peter Mandel, Energetik Verlag, Bruchsal 1989

Walter Lübeck

REIKI -
Der Weg des Herzens

**Der Reiki-Einweihungsweg.
Eine Methode der ganzheitlichen
Heilung von Körper, Seele und
Geist**

Reiki zählt mit zu den heute popu-
lärsten esoterischen Erkenntnis-
wegen. Reiki beschreibt die Fähigkeit, universelle Lebensenergie zum
Heilen von sich selbst und anderen
einzusetzen. In diesem Buch wird
genau beschrieben, welche Möglichkeiten durch die direkte Erfahrung der Reiki-Kraft offenstehen. Es
beschreibt den Einweihungsweg
durch die drei Reiki-Grade, zeigt
auf, welche Erfahrungen gemacht
werden können und wie sich das
Leben durch den fortschreitenden
Kontakt mit der Reiki-Energie verändern kann.

176 Seiten, DM 19,80
ISBN 3-89385-070-8

Waltraud-Maria Hulke

Das Farben Heilbuch

**Der praktische Umgang mit Far-
ben und ihre Wirkung auf Körper,
Seele und Geist**

Das Wissen um die Heilwir-kungen
der Faben auf Körper, Seele und
Geist ist so alt wie die Menschheit
selbst. Aber gerade heute werden
wir uns der machtvollen Bedeutung
von Farben wieder verstärkt bewußt, denn sie gehören zu den
Energien, denen wir uns nicht
willentlich entziehen können, und
die uns doch so sehr bestimmen.
Dieses spannende Buch bietet eine
umfassende Einführung in die Welt
der Farben. Hier erfährt man alles,
was man über Farben im täglichen
Leben wissen sollte, wobei im
Vordergrund die praktische
Anwendung der Farben in allen
Lebensbereichen steht.

192 Seiten, DM 19,80
ISBN 3-89385-071-6

Merlin´s Magic

Reiki

Musik zur Reiki-Behandlung, Inspiration und Heilung

Spielzeit CD/MC ca. 60 Minuten
CD 41025 ISBN 3-89385-735-4
DM/SFr 38,00/ÖS 324,00
MC 42025 ISBN 3-89385-736-2
DM/SFr 28,00/ÖS 239,00

Die Reiki Musik wurde speziell für die Reiki-Behandlung komponiert und eignet sich vorzüglich als musikalisches Umfeld für alle möglichen Techniken zur Harmonisierung und sanftem Energieausgleich. Die Wirkung von Reiki, Massagen und Meditationen u.a. wird durch die harmonische Komposition und Instrumentierung unterstützt und vertieft. Wegen ihrer Harmonie und Wohlbefinden verbreitenden Wirkung wird die Reiki-Musik von namhaften Reiki-Meistern auf das herzlichste empfohlen.
Die CD »Reiki« von Merlin´s Magic, vor mehr als zwei Jahren erschienen, hat zwischenzeitlich hunderttausende Zuhörer begeistert.

Merlin's Magic

Reiki – The Light Touch

Spielzeit CD/MC ca. 60 Minuten
CD 41055 ISBN 3-89385-773-7
DM/SFr 38,00/ÖS 324,00
MC 42055 ISBN 3-89385-774-5
DM/SFr 28,00/ÖS 239,00

Gefühlvolle Harmonien, exzellent musikalisch umgesetzt mit subtilen akustischen Akzenten, sind außerordentlich gut geeignet, eine Atmosphäre zu schaffen, die für Reiki-Arbeit sowie jede andere körper- oder geistorientierte Form des ganzheitlichen Heilens den geeigneten musikalischen Rahmen liefert.

»Die Musik von Merlin´s Magic erfüllt mir einen langgehegten Traum. Seit Jahren schon wünsche ich mir eine Musik, die speziell für Reiki-Sitzungen komponiert ist. Nun gibt es sie endlich! Und sie übertrifft meine Erwartungen in vieler Hinsicht. Seit ich das erste Band mit dieser hervorragenden Musik bekommen habe, begleitet mich die Reiki-Musik bei allen Sitzungen, die ich gebe oder bekomme.«
– Walter Lübeck, Reiki Meister

Cheryl Hetherington

Nie mehr abhängig sein

Erkennen und verändern: Beziehungsmuster, in denen man sich selbst verliert

Das Buch beschreibt mit kurzen Beispielen die Verhaltensmuster, die mehr als Indizien dafür sind, daß in Beziehungen zu viel Leid empfunden wird.

Co-Abhängigkeits-Muster werden diese Verhaltensweisen genannt, die sich vornehmlich als Reaktion auf einen oder mehrere Menschen beschreiben lassen. Wie kann man diese leidverursachenden Muster verlassen?

Das Buch bietet ein Lernprogramm, das hilft, bestimmte Dinge im Leben zu verändern - damit die eigenen Bedürfnisse angenommen und eigene Ziele entwickelt werden können: Für Co-Abhängige die wichtigste Aufgabe, die es in ihrem Leben zu lösen gibt.

144 Seiten, DM/SFr 19,80
ÖS 155,00 ISBN 3-89385-120-8

Shalila Sharamon • Bodo J. Baginski

Einverstandensein

Die Erlösung des Schattens

Der Weg zur Einheit führt über das Einverstandensein und damit über die Erlösung des "Schattens", also all jener Anteile der Ganzheit, die wir in die Einseitigkeit verdrängt haben und die uns in Form von Schicksal, Krankheit und Leid wieder begegnen. Das Einverstandensein führt uns zu unserer eigentlichen Mitte und somit zu wirklicher Heilung, zu einer Entfaltung unseres gesamten Potentials an Liebe und schöpferischer Energie. Der "Schatten", seit C.G. Jung Synonym für all jene Anteile der Ganzheit, die durch den Menschen ins Unbewußte verdrängt und abgeschoben wurden, erfährt durch die hier dargestellte Methode eine tatsächliche Erlösung aus der Verbannung.

176 Seiten, DM/SFr 19,80
ÖS 155,00 ISBN 3-89385-086-4

Walter Lübeck

Das Aura-Heilbuch

Die Aura lesen und deuten lernen. Energiefelder farbig sehen und zur ganzheitlichen Heilung einsetzen

Jeder Mensch hat eine Aura, eine Art farbiges Energiefeld, das seinen Körper umgibt und seinen augenblicklichen Gesamtzustand widerspiegelt. Gefühle, Schmerz, Liebe oder Leid und gesundheitliche Störungen verändern die Aura und geben dem, der sie zu „lesen" versteht, wichtige Aufschlüsse über seine Mitmenschen und die Möglichkeiten der Heilung oder der positiven Einwirkung.
Walter Lübecks Buch ist eine Schritt-für-Schritt-Anleitung, die den Leser über die Sensibilisierung für feinstoffliche Schwingungen zum Aurasehen führt.

288 Seiten, DM/SFr 24,80
ÖS 194,00   ISBN 3-89385-082-1

Ferry Lackner

Das Licht der Engel

Ein "himmlisches" Einweihungsspiel und praktischer Leitfaden für die Begegnung mit Engeln und Schutzengeln

Das Licht der Engel ist ein praktischer Leitfaden für die Begegnung mit den Engeln. Die Engel-Karten ermöglichen eine spielerisch leichte Verbindung zu dem Schutzengel einer gegebenen Situation. So kann man sich über eine entsprechende Meditation mit Hilfe der Affirmations-Karten göttliche Inspiration und Eingebung erschließen. Die Zuordnung der Engel zu den verschiedenen Chakren und Lichtstrahlungen, ein genau strukturiertes Arbeitsprogramm, Anleitungen zur Bildmeditation und zum persönlichen Lebensbaum usw. erleichtern die praktische Verwirklichung der Engel-Energien im Alltag.

Set mit 78 Karten und
128seitigem Buch, DM/SFr 49,80
ÖS 389,00 ISBN 3-89385-114-3

Susan Drury

Die Geheimnisse des Teebaums

Der sanfte Heiler aus Australien. Aromatherapie mit den Heilkräften der Teebaum-Essenz

Teebaum-Essenz aus Australien – das revolutionäre Heilmittel auf dem alternativen Gesundheitsmarkt. Zwar wurde das Teebaum-Öl von den Aborigines Australiens schon seit jeher zum Heilen verwendet, aber erst neueste Forschungen haben uns den ungeheuren medizinischen Wert dieser Substanz bewußt gemacht. Der Teebaum wächst in bestimmten Regionen Australiens, die Essenz wird durch das Destillieren der Blätter gewonnen. Wie wir es zur Linderung von Beschwerden, zur Körper- und Schönheitspflege einsetzen können, erfahren wir in diesem Buch.

128 Seiten, DM/SFr 16,80
ÖS 131,00   ISBN 3-89385-073-2

Rodolphe Balz

Ätherische Öle – Heilkräftige Essenzen

**Die Duftgeheimnisse von über 200 ätherischen Ölen.
Das kompakte Nachschlagewerk über Wirkungen und Anwendungsmöglichkeiten von Essenzen für Fitneß, Gesundheit und Wohlbefinden**

Rodolphe Balz hat viel Erfahrung mit Pflanzenkräften, seit über 15 Jahren betreibt er biologischen Anbau von Gewürz- und Heilkräutern in der Provence. Nun gibt er sein gesammeltes Wissen in diesem einzigartigen Kompendium von wesentlichen und wichtigen Informationen über mehr als 200 ätherische Öle, ihre Wirkungsweisen und Einsatzbereiche wieder und hat somit ein unentbehrliches Handbuch zur Aromatherapie geschaffen.

272 Seiten, DM/SFr 24,80
ÖS 194,00 ISBN 3-89385-136-4

Christa Kössner

Handbuch für Singles, die es nicht länger bleiben wollen

Der erfolgreiche Weg, Zufriedenheit und Glück in einer von Liebe, Vertrauen und Verständnis geprägten Partnerschaft zu finden

Die Chance, Single zu sein oder Single zu werden, ist heute größer denn je. Auf dem Land wird schon jede dritte Ehe geschieden, in der Stadt jede zweite. Viele bleiben Single – die meisten unfreiwillig. Für diese wachsende Gruppe hat Christa Kössner dieses Buch geschrieben. Von der Single-Typologie über Single-Verhaltens-Symptome wie Fehlprogramme, Maskenspiele und Unnahbarkeits-Blockaden findet der Single hier ein Repertoire von verschiedensten Spiegelbildern, in denen er sich wiederfinden, woran er arbeiten und sich entwickeln kann.
208 Seiten, DM/sFr 29,80/
öS 233,00, ISBN 3-89385-152-6

Sofia Sienko

Der Steinschlüssel

Eine umfassende Einführung in das Stein-Reich. Wie man die Geheimnisse der Edelsteine entschlüsseln, ihre Energien freisetzen und zum Heilen nutzen kann Mit farbigem Edelsteinlexikon

„Der Steinschlüssel" ist ein Kurs in Edelsteinheilkunde. Sofia Sienko hat das Buch geschrieben, das sie sich gewünscht hat, aber nirgends finden konnte, als sie anfing, sich mit Edelsteinen zu beschäftigen. Und sie warnt: dieses Buch macht süchtig nach Steinen. Es informiert umfassend, aber nicht abgehoben, einfach und eingängig über Edelsteine mit allem „Drumherum" wie sie zu Reinigen, auf den Benutzer einzustimmen, die spezielle Schwingung freizusetzen, mit ihnen zu heilen und vieles mehr. Etwa 100 der meistgebrauchten Edelsteine sind in ihren Heilwirkungen beschrieben und farbig abgebildet.
256 Seiten, DM/sFr 34,00/
öS 265,00, ISBN 3-89385-156-9

Larry Moen

Meditationen zur Transformation

Eine einzigartige Sammlung von geführten Meditationen

»Meditationen zur Transformation« ist eine einzigartige Sammlung von Meditationen und Traumreisen. Bekannte spirituelle Lehrer und Therapeuten haben ihre besten und wirkungsvollsten Anleitungen beigesteuert. Unter ihnen so populäre Heiler wie Louise Hay, John Bradshaw, Shakti Gawain und Jean Houston. Sie alle haben etwas gemeinsam: sie wollen uns genau die kraftvolle Vision mit auf den Weg geben, die ihnen in ihrem Leben am meisten geholfen hat. Für immer mehr Menschen wird heute Meditation zu einem wichtigen Teil ihres Lebens: loslassen, sich von heilenden Worten zur Mitte, ins Zentrum ihrer Kraft führen lassen, wieder Energie und Lebenskraft tanken.

288 Seiten, DM/SFr 24,80
ÖS 194,00 ISBN 3-89385-122-4

Martha P. Heinen

Kochen und leben mit den Fünf Elementen

Vitalität, Gesundheit und Lebensfreude durch das traditionelle chinesiche Ernährungssystem

Eine Ernährung mit der energetischen Wirkung des Fünf-Elemente-Systems schenkt Kreativität, Vitalität und Lebensfreude. Aber eine neue Diät ist das Fünf-Elemente-Ernährungssystem nicht - ganz im Gegenteil: vielleicht sogar das älteste und gesündeste Ernährungssystem der Welt. Über drei Jahrtausende er-probt und weiterentwickelt. Dabei geht es um das ganze Nahrungsmittel als lebendige Einheit und seine energetische Wirkung auf den Organismus. Die thermische Wirkung der Speisen spielt dabei neben den Elementen die wichtigste Rolle.

240 Seiten, DM/SFr 19,80
ÖS 155,00 ISBN 3-89385-132-1